D1870147

Johann Lafer kocht

Neue Rezepte

Johann Lafer kocht

Neue Rezepte

FALKEN

Inhaltsverzeichnis

Menue

Vorwort

Liebe Kochfreunde und Feinschmecker,

da sich meine Fernsehsendung im Südwestfunk „Johann Lafer kocht“ weiterhin großer Beliebtheit erfreut und mir die gleichbleibend hohen Einschaltquoten Ihr großes Interesse an meinen Rezeptkreationen signalisieren, habe ich mich entschlossen, Ihnen weitere meiner neuen Rezepte in einem zweiten Band zu präsentieren.

Nach wie vor stehen für mich die Liebe zum Kochen und die Freude am Essen an erster Stelle. Und so freue ich mich, Sie wieder auf meiner Reise in die Welt der Kochkünste mitreißen und begeistern zu können. Ich möchte Ihnen Mut machen, meine Rezepte nachzukochen und mit Ihren eigenen Ideen in köstliche und ganz besondere Mahlzeiten zu verwandeln. Denn nicht auf extravagante Zutaten kommt es an, sondern auf die Phantasie bei der Zubereitung und Zusammenstellung der Speisen.

Die Kapitel habe ich diesmal nach den üblichen Menügängen – Vorspeise, Hauptgericht und Dessert – gegliedert. So können Sie selbst ein Menü nach Ihren Wünschen zusammenstellen.

In dem zusätzlichen Kapitel „Festliche Menüs“ stelle ich Ihnen meine Oster- und Weihnachts-Kreationen vor. Lassen Sie sich von diesen außergewöhnlichen Rezepten inspirieren, und verwöhnen Sie Ihre Lieben damit zu den Festtagen.

Kochen ist eine wunderbare und äußerst spannende Möglichkeit, kreativ zu sein und Geschmack mit Optik harmonisch zu verbinden.

Dafür stehen zahlreiche Küchenutensilien zur Verfügung, von denen ich Ihnen einige in der Einleitung vorstelle. Ob Juliennereißer, Tourniermesser, Gewürzmühle, Nudeltopf oder Induktionskochfeld – ich gebe Ihnen nützliche Profitips, worauf Sie beim Kauf und bei der Handhabung dieser Küchenhelfer achten sollen. Ein Tip sei vorweggenommen: Sparen Sie nicht an Qualität, denn nur mit qualitativ hochwertigen Geräten können Sie auf leichte und professionelle Art hervorragende Ergebnisse erzielen.

Ich wünsche Ihnen nun viel Spaß beim Nachkochen meiner Rezepte und guten Appetit. Zu guter Letzt möchte ich Sie herzlich einladen, mich auch einmal als Gast auf meiner Stromburg in 55442 Stromberg am Fuße des Hunsrückes zu besuchen. Und weiterhin viel Freude an meiner Sendung „Johann Lafer kocht“.

Mit herzlichen Grüßen
Ihr

Johann Lafer

Das Handwerkszeug des Kochs

Zu jedem Topf der passende Deckel

Sorgfältig ausgewählte Töpfe sind der Grundstein einer guten Küchenausstattung. Die Vielfalt an Kochgeschirr ist unerschöpflich, neben Unterschieden in der Optik wird auch jeder Topf auf die Garmethode abgestimmt. Wichtige Kriterien für die Qualität eines Topfes sind vor allem das Material, die Verarbeitung und die Form.
Im Handel gibt es Töpfe vor allem aus Edelstahl, aber auch aus Emaille, Kupfer, Gußeisen, Aluminium und Glas. Töpfe aus Edelstahl sind für die Zubereitung der meisten Gerichte hervorragend geeignet. Sie zeichnen sich durch eine sehr lange Lebensdauer aus und sind fast unverwüstlich. Über viele Jahre hinweg werden sie Sie beim Kochen unterstützen.
Bei der Ausführung des entsprechenden Modells ist vor allem darauf zu achten, daß der Boden sorgfältig verarbeitet wurde, da dieser die Wärme der Kochplatte auf den Topf übertragen muß. Optimale Wärmeleiter sind Aluminium und Kupfer. Bei Töpfen mit Sandwichboden sind diese Metalle als Legierung in den Topfboden eingearbeitet wie der Belag auf einem Sandwich.
Je besser die Wärmeleitung funktioniert, desto energiesparender und schneller können Sie die Gerichte zubereiten. Ein guter Topfboden ist daher ebenmäßig und liegt großflächig auf der Herdplatte. Auch die Dicke des Bodens ist sehr entscheidend. Mindestens sollte sie 2 bis 3 mm betragen; besonders funktional sind jedoch extra verstärkte Böden, wie der „TransTherm Boden“ aus der Kochgeschirreihe „Topstar“ von der Firma WMF. Sie garantieren Ihnen höchsten Kochkomfort.
Besondere Aufmerksamkeit beim Kauf von Töpfen sollten Sie den Griffen schenken. Sie müssen gut in der Hand liegen, spül-

maschinenfest und hitzebeständig sein und dürfen die Wärme des Topfes, im Gegensatz zum Boden, nicht weiterleiten. Der Topf sollte zudem einen gut schließenden

Deckel und einen Schüttrand besitzen. Besonders praktisch und platzsparend ist stapelbares Kochgeschirr.
Welche Töpfe Sie für Ihren Haushalt gebrauchen, hängt von der Größe Ihres Haushaltes und von Ihren Kochgewohnheiten ab. Für das Braten von Fleisch eignen sich flache Töpfe oder Pfannen, höhere Gefäße benötigen Sie zum Garen von Suppen, Gemüse, Kartoffeln und vielem mehr. Die Größe richtet sich hierbei natürlich nach der Menge, die Sie kochen möchten. Wichtig ist, daß Topf oder Pfanne weder zu voll noch zu leer sind, da sonst entweder die Temperatur zu sehr absinkt und das Gericht unregelmäßig gart, oder das Geschirr sich an manchen Stellen so stark erhitzt, daß die Speisen darin verbrennen. Als Universaltöpfe eignen sich am besten Töpfe mittlerer Größe mit einem Durchmesser von 16 bis 20 cm. Daneben gibt es natürlich diverse Spezialtöpfe, die nur für ganz bestimmte Nahrungsmittel konzipiert wurden, um beste Kochbedingungen zu schaffen. Sehr praktisch sind zum Beispiel Nudel- oder Spargeltöpfe, die einen speziellen Einsatz haben. Von der Firma WMF werden Fritier- und Dünsteinsätze angeboten; darüber hinaus runden Milchtöpfe, Crêpepfannen, Fischpfannen usw. das Programm ab. Der Fachhandel wird Sie sicher gerne entsprechend beraten.

Vom Messer bis zum Schneebesen

Genauso wichtig wie das richtige Kochgeschirr sind zuverlässige Küchenutensilien. Ob Messer, Küchenreibe, Kochlöffel oder Schneebesen, entscheidend sind auch hier Qualität und Funktionalität für den Erfolg beim Kochen. Aus meiner eigenen Erfahrung kann ich Ihnen raten, bei der Anschaffung dieser Geräte nicht zu sparen,

denn nur dann werden Sie wirklich lange Freude daran haben.
Messer gehören zu den wichtigsten Handwerkszeugen im Küchenalltag. Im normalen Haushalt ist die Anschaffung eines Gemüse- und Fleischmessers unerläßlich. Sie kommen täglich zum Einsatz und daher sollten Sie beim Messerkauf mehrere Kriterien beachten.
Hochwertige Messer sind scharf und stabil, liegen sicher in der Hand und haben rostfreie Klingen. Ein gutes Messer hat einen dicken Rücken und wird zur Schneide hin schmaler.
Die Klingen solcher Messer können problemlos geschliffen werden, wenn sie einmal stumpf geworden sind. Dazu benötigen Sie nur einen Wetzstahl, an dem Sie die Klinge möglichst parallel und mit leichtem Druck vorbeiführen.
Besonderes Augenmerk sollten Sie auf die Klinge richten. Geschmiedete Klingen sind wesentlich fester als aus Stahl gestanzte und daher viel robuster. Man kann sie an der Verdickung zwischen Klinge und

Griff erkennen, dem sogenannten „Kropf". Der fugenlose Übergang zwischen Kropf und Griff sorgt für eine problemlose Reinigung des Messers, da sich kein Schmutz festsetzen kann. Damit Sie sich beim Schneiden nicht verletzen, empfehle ich Ihnen, auf eine Griffmulde mit Fingerschutz zu achten.

Als Schneidunterlage bieten sich Schneidbretter aus hellem Kunststoff an. Sie sind hygienischer als Holzbretter, nehmen weder Geruch noch Geschmack der darauf zerkleinerten Zutaten an und sind spülmaschinenfest. Die Messerklingen werden durch das Material geschont und stumpfen nicht so schnell ab. Für das Zerkleinern von Fleisch gibt es spezielle Bretter mit einer Saftrille, die die austretende Flüssigkeit aufnimmt. Saugnäpfe unter dem Brett sorgen dafür, daß die Unterlage beim Schneiden nicht verrutscht.
Unzählige Spezialmesser unterscheiden sich in Größe, Form und Beschaffenheit. Praktisch für jede Gelegenheit kann ein spezielles Messer verwendet werden. Gemüse schälen und in Form schneiden kann man am besten mit einem Tourniermesser, dessen Klinge leicht gebogen ist. Mit einem Buntmesser lassen sich mit Hilfe der dicken und zackig eingeschliffenen Klinge mühelos Waffelkartoffeln herstellen sowie Gemüse dekorativ in Scheiben schneiden.
Ausbeinmesser vereinfachen das Lösen von Fleisch- und Geflügelknochen. Eine gute Hilfe sind auch Geflügelscheren, Fleisch-

gabeln und Tranchierbesteck, um Ihren Sonntagsbraten zu zerlegen.
Damit Ihnen die Arbeit in der Küche leichter von der Hand geht, sind neben Messern noch weitere Küchenutensilien notwendig.
Die praktischen Küchenhelfer werden von Ihnen täglich beim Kochen eingesetzt und solllten daher von hoher Qualität sein. Auch wenn Sie einen etwas höheren Preis bezahlen, rechnet sich dieser langfristig. Der Sparschäler schält vor allem Kartoffeln, Gurken, Möhren und Äpfel sehr dünn und gleichmäßig. Mit einer zweiten stumpfen Klinge lassen sich schadhafte Stellen am Gemüse ausbohren. Für die empfindlichen Spargelstangen gibt es einen speziellen Spargelschäler, dessen Klinge je nach Schalendicke verstellt werden kann. Ein Orangenschäler kommt hauptsächlich zu dekorativen Zwecken zum Einsatz; Orangen- und sogar Gurkenschalen können mit ihm gleichmäßig abgezogen werden. Auch der Juliennereißer ist zum Verzieren geeignet – dünn abgezogene Streifen (Julienne) der Orangen- oder Zitronenschale erlauben unzählige Möglichkeiten, Desserts optisch aufzupeppen. Zum Ausstechen stehen Kugelausstecher in diversen Größen und Formen zur Auswahl. Sie eignen sich für Melonen, Kartoffeln, Möhren und vieles mehr. Der Apfelentkerner ist vor allem bei der Zubereitung von Bratäpfeln unentbehrlich – mit einem Handgriff kann das Gehäuse sanft durch Drehen entfernt werden, so daß der Apfel äußerlich völlig unversehrt bleibt. Auch jedes andere Kernobst, wie Birne und Quitten, kann mit dem Apfelentkerner ausgestochen werden.
Ein absolutes Muß für die Zubereitung von Gerichten aus der internationalen

Küche ist die Knoblauchpresse. Sie zerdrückt die Zehen gleichmäßig und verhindert zudem, daß die Hände den Knoblauchgeruch annehmen.
Weitere unentbehrliche Helfer, die täglich in der Küche zum Einsatz kommen, sind Kochlöffel, Schöpfkelle und Schneebesen. Auch hier gilt: Gute Qualität macht sich bezahlt. Sie sollten sich eine kleine Grundausstattung anlegen. Diese sollten Sie in der Nähe Ihres Herdes aufstellen, damit Sie sie beim Kochen schnell zur Hand haben.
Meßbecher und Siebe empfehle ich Ihnen aus Metall, da sie manchmal auch hohe Temperaturen aushalten müssen und Plastik sich nach einiger Zeit verzieht.

Eine Küchenschere darf in keiner Küche fehlen. Sie ist vielseitig einsetzbar: Vom Öffnen der Packung bis zum Zerkleinern von Kräutern ist sie eine zuverlässige Hilfe.

Eigener Herd ist Goldes wert

Oft ist es einfach Geschmacksache und eine individuelle Entscheidung, ob man einen Elektro- oder Gasherd kauft. Gas gart schneller, präziser und energiesparend, die offene Flamme läßt jedoch viele Menschen zurückschrecken.
Wenn man bedenkt, daß die Geschichte des Herdes noch sehr jung ist, schließlich wurde noch vor 150 Jahren im offenen Feuer gegart, ist die Entwicklung in diesem Bereich sensationell. Gerade auf dem Markt der Elektroherde ist das Angebot mittlerweile fast undurchschaubar. Die neueste technologische Entwicklung ist das Induktionsfeld. Hierbei befindet sich statt eines Heizkörpers eine Kupferspule unter der Herdplatte. Infolge magnetischer Wechselströme zwischen Kochfeld und Kochgeschirr heizt sich nur der Topfboden auf. Wichtig ist dabei natürlich, daß der Topf oder die Pfanne aus einem magnetisierenden Material besteht. Edelstahl eignet sich für diese Kochplatten nur mit einem extra dafür ausgestatteten Boden. Fragen Sie daher vor dem Kauf lieber nach. Die Menge der Energieabgabe des Herdes richtet sich jeweils nach der Größe des darauf stehenden Topfes oder der Pfanne. Das Kochfeld „denkt“ also praktisch mit, und diese neue Technik ermöglicht ein schnelles und energiesparendes Kochen. Da beim Induktionskochen das Kochfeld nicht erhitzt wird, können überkochende Flüssigkeiten auf der Kochplatte nicht anbrennen.

Würzen, aber nicht mit jedem Kraut

Gut gefüllte Regale mit einem reichhaltigen Sortiment an Gewürzen aus aller Welt stehen heute in jedem Supermarkt. Es gab aber Zeiten, da waren Gewürze so kostbar, daß sie in speziellen Dosen eingeschlossen wurden, und ein üppiger Gebrauch von Gewürzen ließ auf ein Leben in Wohlstand schließen. Immer noch verbinden wir mit Gewürzen einen Hauch von Exotik aus fernen Ländern: Oregano erinnert an die Sonne Italiens, Safran ist ein kostbares Gut aus dem Orient und Curry das kulturelle Erbe Europas nach dem Imperialismus. Gewürze sind Zeitgeschichte, raffinierte Geschmacksgeber und Heilmittel zugleich. Auf jeden Fall sind sie nicht mehr wegzudenken aus den Küchen aller Welt und daher auch fester Bestandteil der Rezepte in diesem Buch. bei Gewürzen handelt es sich um getrocknete Pflanzenteile. Man verwendet sowohl Blätter als auch Samen, Blüten, Wurzeln oder Rinden.
Da Gewürze entscheidend zum Gelingen der Speisen beitragen, sollten Sie sich für den Kauf von Markenprodukten entschei-

den. Diese sind fachgerecht verpackt und dadurch vor Aromaverlust geschützt, denn die ätherischen Öle in Gewürzen sind leicht flüchtig.
Zerkleinerte Gewürze büßen sehr leicht an Geschmack ein; kaufen Sie daher am besten ungemahlene. So können sie, lichtgeschützt und trocken verpackt, mindestens 2 Jahre gelagert werden. Damit sie jedoch beim Kochen ihre volle Würze abgeben, sollten sie zuvor zerstoßen oder gemahlen werden. Hervorragend eignen sich hierfür die Gewürz- und Kräutermühlen Ceramill von der Firma WMF. Durch das starke Mahlwerk aus Keramik werden die ätherischen Öle der Gewürze freigegeben und verleihen dem Gericht Schärfe, Süße oder eine pikante Note.

Die Abkürzungen

EL	=	Eßlöffel (gestrichen)
TL	=	Teelöffel (gestrichen)
Msp.	=	Messerspitze
ml	=	Milliliter
l	=	Liter
g	=	Gramm
kg	=	Kilogramm
Bd.	=	Bund
P.	=	Päckchen
TK-…	=	Tiefkühl-…
Ø	=	Durchmesser

Tips zu den Rezepten

Damit beim Nachkochen nichts schiefgehen kann, hier noch einige Hinweise:

- Die Zeitbegriffe bei den Rezepten sollen Ihnen helfen, den Arbeitsaufwand besser einschätzen zu können. Gerichte, die in maximal 1 Stunde fertig zubereitet sind, haben wir mit dem Begriff „geht schnell" gekennzeichnet. Solche, deren Zubereitung länger dauert, tragen den Begriff „braucht Zeit".
- Die Backofentemperaturen in den Rezepten beziehen sich auf einen Elektrobackofen mit Umluft. Wenn Sie mit Gas oder Ober- und Unterhitze arbeiten möchten, dann rechnen Sie die Werte bitte entsprechend den Herstellerangaben für Ihren Herd um.

Ein Blick hinter die Kulissen

Man nehme eine kleine Halle, die zu einem ebenso kleinen, aber feinen Studio umgebaut wird, dazu eine Profiausstattung mit Kameras, Lampen, Monitoren, ergänzt durch erstklassige Mitarbeiter im Studio- sowie Küchenbereich. Dann fehlt nur noch ein kreativer 2-Sterne-Koch, und schon steht einem wunderbaren Fernsehmenü à la „Johann Lafer kocht“ nichts mehr im Wege! Guten Appetit!

Seit nunmehr 4 Jahren kocht Johann Lafer regelmäßig im Südwestfunk für seine treuen Fernsehzuschauer. Jeden Mittwoch steht ein neues Gericht auf dem Programm: Entweder sind es bekannte Klassiker, denen der Chef einen neuen Pfiff gibt, oder besondere Gerichte, bei denen die Zubereitung genauestens demonstriert wird. Ab und an schauen Johann Lafer und sein Redakteur Günter H. Klotz auch über den heimischen Tellerrand hinaus. Ein sicherlich ungewöhnlicher Ort für eine Kochsendung: die Hochebene in der kenianischen Massai Mara (Foto: oben).

Unsere Zuschauer erfreuten sich aber auch schon an Bildern und Rezepten aus Singapur, Kalifornien und der Steiermark.

Bei jetzt über 170 Folgen der Reihe gab es natürlich immer mal wieder ein Jubiläum zu feiern. Ein „mitarbeitender" Gast und prominenter Gratulant zur 150. Sendung war Rainer Hunold (Foto: unten). Ein Glücksfall für jeden Koch, wenn sein berühmter Assistent nicht nur ein ausgewisener Gourmet ist, sondern auch noch etwas vom Kochen versteht.

Auch im nächsten Jahr hoffen wir weiterhin auf Ihre Treue und Ihre positive Kritik, wenn es bei uns heißt: „Johann Lafer kocht!"

Hinweise zur Fernsehsendung

Sendungstitel: JOHANN LAFER KOCHT

Sendeplatz: ARD-Vorabendprogramm

Sendetermine: jeden Mittwoch um 17.40 Uhr

V · o · r · s · p

· e · i · s · e · n

geht schnell
4 Personen

Winzerhackbällchen auf Pumpernickel

80 g Lauchwürfel
2 EL Schalottenwürfel
1 zerdrückte Knoblauchzehe
2 EL Butter

Die Lauch- und die Schalottenwürfel mit der zerdrückten Knoblauchzehe in der Butter anschwitzen. Das Gemüse abkühlen lassen.

200 g Hackfleisch (von Rind und Schwein)
3 EL Weißwein (Auslese)
1 Ei
Salz
Chilipulver
1 EL Öl

Das Gemüse und das Hackfleisch mit Weißwein und Ei zu einer Masse verkneten. Mit Salz und Chilipulver abschmecken. Mit einem Eisportionierer oder mit feuchten Händen 8 kleine Bällchen formen und diese in einer Pfanne im heißen Öl goldbraun braten.

8 Radieschen
8 kleine Pumpernickelscheiben
1 großes Blatt Eisbergsalat

Die Radieschen waschen, putzen und in kleine Scheiben schneiden. Die Pumpernickelscheiben in einer beschichteten Pfanne ohne Fettzugabe rösten. Anschließend das gewaschene Eisbergsalatblatt in 8 kleine Stücke zerpflücken. Je 1 Stück Salatblatt auf je 1 Pumpernickelscheibe geben, danach je 1 Hackfleischbällchen darauf setzen.

Kerbel zum Garnieren

Die Häppchen mit den Radieschenscheiben und dem Kerbel garnieren.

geht schnell
4 Personen

Poulardenspiesschen in Kräuterbutter gebraten

2 Poulardenbrüste (ohne Haut und Knochen)
100 g Poulardenleber
50 g kleine Shiitake-Pilze

Die Poulardenbrüste und die Leber in 2 cm dicke Würfel schneiden. Die Pilze säubern und putzen.

¼ Bund Rosmarin (verholzt)

Die Rosmarinzweige an den Spitzen festhalten und die Nadeln gegen die Wuchsrichtung vorsichtig abstreifen. Dann abwechselnd Poulardenbrust, Leber und Shiitake-Pilze auf die Rosmarinzweige stecken.

Salz, weißer Pfeffer
1 EL Öl
1 EL Butter
2 Thymianzweige
1 zerdrückte Knoblauchzehe
1 EL gehackte Petersilie
Küchenpapier

Die Spießchen mit Salz und Pfeffer würzen und in dem Öl anbraten. Etwas Butter sowie die Thymianzweige und die zerdrückte Knoblauchzehe dazugeben und die Spieße fertigbraten. Die gehackte Petersilie kurz vor Ende der Garzeit dazugeben und kurz mitbraten. Die Poulardenspieße herausnehmen und auf Küchenpapier abtropfen lassen.
Dazu paßt Baguette.

geht schnell
4 Personen

Lachstatar auf fritierten Kartoffelchips

1 große, festkochende Kartoffel
300 ml Öl zum Fritieren
Küchenpapier
Salz

Die Kartoffel schälen, waschen, trockentupfen und in dünne Scheiben hobeln. Im heißen Öl goldgelb und kroß fritieren. Herausnehmen, auf Küchenpapier abtropfen lassen und mit wenig Salz bestreuen.

200 g rohes Lachsfilet
100 g geräucherter Lachs

Die zwei Sorten Lachs zuerst in dünne Scheiben, dann in Streifen und zum Schluß in kleine Würfel schneiden.

1 EL gehackter Dill
1 Spritzer Limonensaft
50 g Schalottenwürfel
1 EL Olivenöl
weißer Pfeffer
Salz
frisch gemahlener Koriander

Dill, Limonensaft, Schalottenwürfel, Olivenöl, Pfeffer, Salz und Koriander mit dem Lachstatar vermengen. Das Tatar auf die vorbereiteten Kartoffelscheiben setzen und jeweils mit einer zweiten Scheibe bedecken.

2 EL Crème fraîche
4 Cocktailtomaten

Die Crème fraîche in einen Spritzbeutel mit einer kleinen Lochtülle geben und als Rosetten auf die Kartoffelscheiben spritzen. Die Cocktailtomaten waschen, vierteln und die Tatarhäppchen damit garnieren.

geht schnell
4 Personen

Shrimpspastetchen

300 g TK-Blätterteig
1 Eiweiß

Den Blätterteig antauen lassen und dünn ausrollen. 8 Kreise (6 cm Ø) ausstechen. Bei 4 Kreisen die Mitte in einem Durchmesser von 4 cm ebenfalls rund ausstechen. So erhält man 4 Ringe und 4 Deckel.
Den Backofen auf 220° C vorheizen. Das Backblech mit kaltem Wasser abspülen. Die großen Scheiben als Böden auf das leicht befeuchtete Backblech setzen. Sie am Rand mit Eiweiß bestreichen und jeweils 1 Ring auf den Boden setzen. Die Deckel ebenso auf das Backblech setzen. (Damit die Pasteten gleichmäßig backen, kann man Pastetenhalter verwenden. Diese werden jeweils in den Ring auf den Boden gesetzt und mitgebacken.) Den Blätterteig auf mittlerer Schiene etwa 5 Minuten backen. Die Deckel dann herausnehmen. Die Pastetchen noch weitere 10 Minuten backen.

50 g Magerquark
3 EL saure Sahne
150 g geschälte Shrimps
1 EL Staudenselleriewürfel
1 EL Tomatenwürfel
1 TL Honigessig
Chilipulver, Salz
Dill zum Garnieren

Den Quark mit der sauren Sahne verrühren. Das Shrimpsfleisch abspülen und trockentupfen. Zusammen mit den Gemüsewürfeln in den Quark geben. Das Ganze mit dem Honigessig, Chilipulver und Salz abschmecken. Den Cocktail in die 4 Pastetchen verteilen. Die Blätterteigdeckel darauf setzen und alles mit Dill garnieren.

geht schnell

4 Personen

Blätterteigpastetchen mit Kalbsbriesfüllung und Madeirasauce

400 g Kalbsbries
¾ l Kalbsfond
100 g gewürfeltes Suppengemüse (Lauch, Sellerie, Karotten)
1 Thymianzweig
2 Lorbeerblätter
5 Pfefferkörner
Salz

Das Kalbsbries für einige Stunden in kaltem Wasser wässern. Den Kalbsfond mit dem Suppengemüse kalt aufsetzen, mit Thymian, Lorbeerblättern, Pfeffer und Salz würzen. Das Kalbsbries etwa 15 Minuten bei milder Hitze offen im Fond pochieren. Dann in Eiswasser legen, die Haut abziehen und das Bries in kleine Röschen zerzupfen. Den Fond durch ein feines Sieb passieren und beiseite stellen.

2 EL Butter
30 g feine Schalottenwürfel
100 g gewürfelte Pfifferlinge
Salz, weißer Pfeffer
1 EL gehackte Petersilie
100 g Kalbsbrät

Die Butter in einer Pfanne erhitzen. Die Schalotten und das Kalbsbries darin anbraten, Pfifferlinge dazugeben, mit Salz und Pfeffer abschmecken und zum Schluß die Petersilie dazugeben. Das Ganze abkühlen lassen und mit dem Kalbsbrät mischen.

400 g TK-Blätterteig
2 Eigelb
Backpapier

Den Ofen auf 200° C vorheizen. Den Blätterteig antauen lassen, dünn ausrollen und 16 gleich große Kreise (6 bis 8 cm Ø) ausstechen. Auf 4 Kreise jeweils etwas von der Füllung geben. Die restlichen 8 Kreise am Rand mit den verrührten Eigelben bestreichen, auf die mit Füllung belegten Kreise legen und die Ränder gut andrücken. Die Pastetchen auf ein mit Backpapier belegtes Blech legen und nochmals mit Eigelb bestreichen. Im Ofen auf mittlerer Schiene etwa 12 Minuten backen.

2 Schalotten
1 EL Butter
100 ml Madeira
100 ml Rotwein
2 EL eiskalte Butter
Salz, weißer Pfeffer

Inzwischen die Schalotten schälen, fein würfeln und in der Butter andünsten. Mit Madeira und Rotwein ablöschen. Den beiseite gestellten Fleischfond angießen und das Ganze auf die Hälfte einkochen lassen. Die Sauce vom Herd nehmen und die eiskalte Butter mit dem Schneebesen einrühren. Mit Salz und Pfeffer abschmecken.

Johann Lafer

Mein Tip

Wußten Sie, daß Madeira nur aus Weinen von der portugiesischen Atlantikinsel Madeira gewonnen wird? Der aromatische Dessertwein wird mit Weindestillat angereichert und erhält durch seine Lagerung einen milden Geschmack.
Einen guten Madeira bekommen Sie in einem Spirituosenladen oder in einer Weinhandlung. Falls Sie keinen zur Hand haben, können Sie auch einen Portwein verwenden.

braucht Zeit

4 Personen

Linsenschaumsüppchen mit pochiertem Schweinefilet

150 g braune Linsen
600 g Schweinefilet
Küchengarn

Die Linsen über Nacht in Wasser einweichen. Am nächsten Tag das Filet am dünnen Ende anklappen, so daß es über dem dicken Ende liegt. Mit Küchengarn so zusammenbinden, daß es eine gleichmäßige Dicke hat.

1 l Rinderbrühe
100 g grob gewürfelter Lauch
1 Lorbeerblatt
1 halbierte Tomate
1 Knoblauchzehe
2 Zweige glatte Petersilie
½ Zwiebel
1 Karotte
2 Gewürznelken
3 Wacholderbeeren
10 schwarze Pfefferkörner
Alufolie

Rinderbrühe, Lauch, Lorbeerblatt, Tomate, Knoblauch, Petersilie, Zwiebel, Karotte, Gewürznelken, Wacholderbeeren, Pfefferkörner in einen Topf geben und aufkochen lassen. Das Schweinefilet dazugeben und unter dem Siedepunkt in 20 bis 25 Minuten bei offenem Deckel garziehen lassen.
Das Schweinefilet aus dem Fond nehmen, in Alufolie einwickeln und ruhen lassen.
Die Brühe durch ein feines Sieb passieren und beiseite stellen.

2 EL Butter
2 EL Speckwürfel
3 EL Zwiebelwürfel
3 EL Selleriewürfel
3 EL Karottenwürfel
3 EL Lauchwürfel
4 EL Balsamessig

Die Butter in einem Topf erhitzen. Speck- und Gemüsewürfel darin andünsten. Die eingeweichten Linsen abtropfen lassen, dazugeben und etwa 1 Minute mitdünsten. Mit Balsamessig ablöschen und ihn verdunsten lassen.

2 EL Crème fraîche
2 EL geschlagene Sahne
Salz
schwarzer Pfeffer

4 Eßlöffel der Linsen herausnehmen und beiseite stellen. Das restliche Linsengemüse mit 600 ml von der beiseite gestellten Brühe auffüllen und aufkochen. Die Crème fraîche darunterrühren. Die Suppe in einem Mixer sehr fein pürieren und durch ein Sieb passieren. Nochmals erhitzen, aber nicht kochen lassen. Die geschlagene Sahne unterziehen und die Suppe mit Salz sowie Pfeffer abschmecken.

1 TL Zucker
2 EL Balsamessig
1 EL gehackte Kerbelblätter

Zucker und Essig in einer Pfanne aufkochen und die zurückgestellten Linsen darin kurz dünsten. Das Schweinefilet in Scheiben schneiden. Die Suppe in Suppentellern anrichten. Die gedünsteten Linsen und die Schweinefiletscheiben hineingeben. Zuletzt mit dem Kerbel bestreuen.

braucht Zeit

6 Personen

Gemüsesuppe mit Graupen und Griessnocken

200 g Kartoffeln
150 g Karotten
150 g Petersilienwurzeln
150 g Staudensellerie
150 g Kohlrabi
150 g grüne Bohnen
2 Bund Frühlingszwiebeln

Die Kartoffeln schälen, waschen und in mundgerechte Stücke schneiden. Karotten, Petersilienwurzeln, Staudensellerie und Kohlrabi schälen, putzen und in 1 cm dicke Würfel schneiden. Die Bohnen waschen, putzen und in mundgerechte Stücke schneiden. Die Frühlingszwiebeln waschen, putzen und in Ringe schneiden.

3 EL Butter
100 g Schalottenwürfel
1 EL gehackter Knoblauch
1,2 l Gemüsefond
Salz
schwarzer Pfeffer

Die Butter in einem Topf erhitzen, die Schalottenwürfel und den Knoblauch darin andünsten. Das geputzte Gemüse nach und nach dazugeben und kurz mitdünsten. Mit dem Gemüsefond auffüllen, mit Salz und Pfeffer würzen und alles etwa 30 Minuten zugedeckt bei mittlerer Hitze garen.

250 ml Milch
50 g Butter
100 g Hartweizengrieß
Salz
schwarzer Pfeffer
gemahlene Muskatnuß
2 Eier

Inzwischen die Milch zusammen mit der Butter erhitzen. Den Grieß einrühren und so lange rühren bis sich die Masse vom Boden löst. Mit Salz, Pfeffer und Muskat abschmecken. Das Ganze vom Herd nehmen, die Eier unter die Grießmasse rühren und alles abkühlen lassen. Mit zwei Eßlöffeln kleine Nocken abstechen und in Salzwasser etwa 10 Minuten garziehen lassen.

100 g Graupen
Salz

Die Graupen in einem anderen Topf in reichlich Salzwasser etwa 8 Minuten garen. Dann in ein Sieb geben, abschrecken und in die Suppe geben. Diese warmhalten.

1 EL gehackte glatte Petersilie
Staudenselleriegrün zum Garnieren

Die Suppe auf 6 Teller verteilen. Die Grießnocken hineingeben. Alles mit Petersilie bestreuen und mit dem Staudenselleriegrün garnieren.

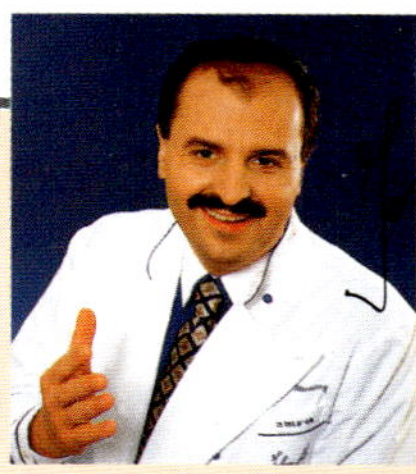

Mein Tip

Graupen, in meiner Heimat auch Rollgerste genannt, sind polierte und geschliffene Gerstenkörner. Sie erleben gerade in der Gastronomie Ihr Comeback. Zu Zeiten unserer Großeltern stand der Graupeneintopf mindestens einmal in der Woche auf dem Mittagstisch, denn er war preiswert und sättigend.
Kochen Sie diese Gemüsesuppe an kalten Wintertagen, denn dann tut eine kräftige Suppe besonders gut.

geht schnell

4 Personen

Pestoschaumsuppe mit Lachs

2 Schalotten
2 EL Olivenöl
100 ml Weißwein
800 ml Gemüsebrühe
2 Bund Basilikum
Salz
schwarzer Pfeffer
50 g Spinat

Die Schalotten schälen und fein würfeln. Das Olivenöl erhitzen und die Schalotten darin dünsten. Mit dem Weißwein ablöschen, ihn einkochen lassen und alles mit der Gemüsebrühe auffüllen. Das Basilikum waschen und trockentupfen. Die Blätter von den Stielen zupfen. Die Stiele zur Brühe geben und das Ganze um die Hälfte einkochen lassen. Mit Salz und Pfeffer würzen und anschließend durch ein Sieb passieren. In der Zwischenzeit den Spinat waschen, verlesen und blanchieren.

1 zerdrückte Knoblauchzehe
5 EL Olivenöl
Salz
schwarzer Pfeffer

Basilikumblätter, Spinat, Knoblauch, Olivenöl, Salz und Pfeffer in ein hohes Gefäß geben und mit einem Pürierstab sehr fein pürieren.

300 g Sahne
etwas Cayennepfeffer

Die Sahne zur Gemüsebrühe geben und das Ganze nochmals um die Hälfte einkochen. Vorsichtig mit etwas Cayennepfeffer abschmecken.

50 g eiskalte Butter
4 EL geschlagene Sahne

Die eingekochte Suppe in einen Mixer geben und aufschlagen. Die Butter würfeln und nach und nach hinzugeben. Das Basilikumpesto und die Schlagsahne daruntermixen.

4 dünne Scheiben Räucherlachs
20 g gehobelter Parmesan
1 EL gehackte Pinienkerne
8 Basilikumblätter

Die Pestoschaumsuppe auf 4 Teller verteilen. Den Räucherlachs zu Rosetten formen und je 1 Lachsrosette in die Suppe geben. Das Ganze mit Parmesan, Pinienkernen und Basilikum garnieren.

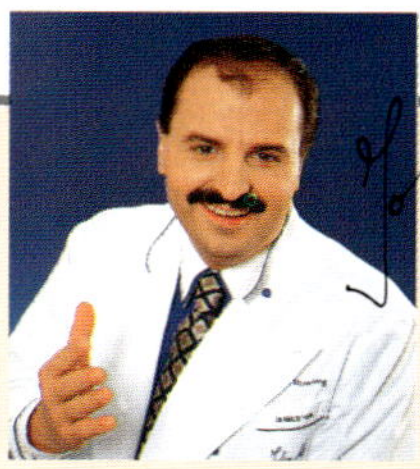

Mein Tip

Der berühmteste italienische Käse, der Parmesan, hat seinen Ursprung in den Provinzen Parma, Reggio Emilia, Modena und Mantua. Das kräftige Aroma und die intensive gelbe Farbe wird maßgeblich dadurch bestimmt, daß die Milchkühe auf der Weide gehalten werden.
Echten Parmesan, wie die bekannten Sorten Parmigiano-Reggiano und Grande Padano, erhalten Sie nur im Käsefachgeschäft. Sie sollten Parmesan auf jeden Fall am Stück kaufen. Er hat einen wesentlich besseren Geschmack, ein intensiveres Aroma und trocknet bei sachgerechter Lagerung im Kühlschrank nicht so schnell aus wie geriebener Parmesan.

Lammbratwürstchen auf Prinzessbohnensalat

braucht Zeit

4 Personen

500 g Lammfleisch ohne Knochen (Nacken)
100 g Bauchspeck
1 Msp. Pökelsalz
4 EL Sahne
1 EL frische Rosmarinnadeln
1 TL frische Thymianblättchen
2 gehackte Knoblauchzehen

Das Lammfleisch und den Bauchspeck in Streifen schneiden. Das Ganze mit Pökelsalz einreiben und 10 bis 15 Minuten einziehen lassen. Sahne, Rosmarin, Thymian und Knoblauch dazugeben. Alles gut miteinander vermengen und etwa 6 Stunden zugedeckt im Kühlschrank durchziehen lassen.

500 g Prinzeßbohnen
Salz
1 Msp. Natron
1 Schalotte
1 EL Butter
50 g geräucherter Speck

Die Bohnen waschen, putzen und in mundgerechte Stücke schneiden. Salz und Natron ins Kochwasser geben, die Bohnen darin bißfest blanchieren und dann abschrecken. Die Schalotte schälen, fein würfeln, in der Butter glasig dünsten und herausnehmen. Den Speck in feine Würfel schneiden und in der Pfanne ausbraten.

4 EL Sherryessig
8 EL Rinderbrühe
5 EL Olivenöl
Salz
schwarzer Pfeffer
gemahlene Muskatnuß
1 TL gehacktes Bohnenkraut

Aus Essig, Brühe, Olivenöl, Salz, Pfeffer, Muskat und Bohnenkraut eine Marinade herstellen. Die angedünsteten Schalotten und die Speckwürfel dazugeben. Die Bohnen darin 10 Minuten marinieren.

4 kleine Tomaten
50 g Friséesalat

Die Tomaten über Kreuz einritzen, kurz überbrühen, abschrecken, enthäuten, vierteln, entkernen und von den Stielansätzen befreien. Den Frisée waschen, trockentupfen und in mundgerechte Stücke zupfen.

Salz
Pfeffer
rosenscharfes Paprikapulver
80 g Gemüsewürfel (Sellerie, Lauch, Karotte)
3 EL Butterschmalz

Die Fleischmischung durch die feine Scheibe des Fleischwolfes drehen und mit Salz, Pfeffer und Paprikapulver würzig abschmecken. Das feingewürfelte Gemüse blanchieren und unter die Fleischmasse mischen, eventuell mit Salz, Pfeffer, Paprikapulver nachwürzen. Aus der Fleischmasse kleine Würstchen formen. Das Butterschmalz in einer Pfanne erhitzen und die Würstchen darin knusprig braten.

Bohnenkraut zum Garnieren

Den Bohnensalat auf 4 Tellern anrichten. Die Lammbratwürstchen darauf geben. Den Salat mit Tomatenvierteln, Friséesalat und Bohnenkraut garnieren.

geht schnell
4 Personen

Salat mit Geflügelleber und Trauben

400 g Geflügelleberleber
2 EL Butterschmalz
Salz, schwarzer Pfeffer
1 TL frische Zitronenthymianblättchen
2 EL Schalottenwürfel

Die Leber trockentupfen und im Butterschmalz rosa braten. Mit Salz und Pfeffer würzen. Den Thymian und die Schalottenwürfel dazugeben und kurz mitbraten.

150 g blaue Trauben
150 g grüne Trauben
1 Apfel (Golden Delicious)
3 EL Walnußkerne

Die Trauben waschen, halbieren und die Kerne mit einem spitzen Messer entfernen. Den Apfel schälen, vom Kerngehäuse befreien und in feine Streifen schneiden. Alles zusammen mit den Walnußkernen in eine Schüssel geben.

3 EL Balsamessig
2 EL Walnußöl
Salz, schwarzer Pfeffer
1 Msp. Zucker

Balsamessig, Walnußöl, Salz, Pfeffer und Zucker zu einer Marinade verrühren und das Obst etwa 30 Minuten darin marinieren.

150 g Salat (z. B. Feldsalat, Lollo Rosso, Frisée)

Den Salat putzen, waschen und in mundgerechte Stücke zerpflücken. Das Obst auf ein Sieb schütten, dabei die Marinade auffangen. Den Salat, das Obst und die Leber auf 4 Teller verteilen und das Ganze mit der Marinade beträufeln.

braucht Zeit
20 Scheiben

Süsses Nussbrot

70 ml Milch
30 g frische Hefe (ca. ¾ Würfel)
6 EL Mehl
2 EL Zucker

Die Milch erwärmen und in eine Schüssel gießen. Die Hefe hineinbröckeln, das Mehl und den Zucker hinzufügen. Das Ganze zu einem Vorteig verrühren und mit einem Geschirrtuch zugedeckt an einem warmen Ort etwa 15 Minuten gehen lassen.

280 g Mehl
1 Ei, 4 Eigelb
½ TL Salz
120 g zimmerwarme Butter
je 50 g gehackte Walnüsse, Haselnüsse und Pecannüsse

Den Vorteig in eine Küchenmaschine geben. Mehl, Ei, Eigelbe, Salz und Butter hinzufügen und gut verkneten. Dann die gehackten Nüsse darunterarbeiten. Den Teig nochmals kräftig durchkneten. Ihn erneut mit einem Geschirrtuch abdecken und so lange gehen lassen, bis sich sein Volumen verdoppelt hat.

1 EL Butter

Eine Kastenform (20 cm lang) mit der Butter ausfetten. Aus dem Teig eine Rolle formen und in die Kastenform setzen. Mit einem Geschirrtuch abdecken und erneut an einem warmen Ort gehen lassen, bis die Form ausgefüllt ist.

1 Eigelb

Den Backofen auf 180° C vorheizen. Das Eigelb mit 1 Eßlöffel Wasser verquirlen und die Teigoberfläche damit bestreichen. Das Brot im Ofen auf unterer Schiene 25 bis 30 Minuten backen.

braucht Zeit
4 Personen

Gefüllte Brezelknödelroulade mit Wirsing-Apfel-Salat

500 g Wirsing

Vom Wirsing die Außenblätter entfernen. Den Kohl waschen, vierteln, den Strunk herausschneiden und die Wirsingblätter in feine Streifen schneiden. In kochendem Salzwasser kurz blanchieren, kalt abspülen und gut abtropfen lassen.

2 Äpfel (Jonagold)
Saft von 1 Zitrone

Die Äpfel schälen und vierteln. Stiel-, Blütenansätze und Kerngehäuse entfernen. Die Äpfel in dünne Scheiben und diese anschließend in feine Stifte schneiden. Mit Zitronensaft beträufeln und mit den Wirsingstreifen mischen.

3 EL Rosinen
100 g saure Sahne
100 g Joghurt
abgeriebene Schale von ½ unbehandelten Zitrone
Salz
schwarzer Pfeffer
gemahlene Muskatnuß

Die Rosinen in 5 Eßlöffeln Wasser etwa 10 Minuten einweichen, anschließend das Wasser abgießen. Die saure Sahne mit dem Joghurt verrühren und zum Wirsing geben. Den Salat mit Zitronenschale, Salz, Pfeffer und Muskat abschmecken und durchziehen lassen.

5 Laugenbrezeln (ca. 250 g)
150 ml Milch
2 EL Butter
100 g Schalottenwürfel
2 Eier
2 EL gehackte Petersilie
Salz
schwarzer Pfeffer
gemahlene Muskatnuß

Die Laugenbrezeln in kleine Würfel schneiden. Die Milch in einem Topf erhitzen, über die Brezeln gießen und diese abgedeckt 20 Minuten quellen lassen. Inzwischen die Butter in einer Pfanne zerlassen und die Schalottenwürfel darin glasig dünsten. Zusammen mit den Eiern und der Petersilie zu den Laugenbrezeln geben. Alles mit Salz, Pfeffer sowie Muskat würzen und gut verkneten.

160 g grobe Leberwurst
60 g Semmelbrösel
3 Eigelb
2 EL frische Majoranblättchen

Die Leberwurst mit Semmelbröseln, Eigelben und Majoran vermischen. Aus der Masse eine 2 cm dicke Rolle formen.

1 EL Mehl

Ein Geschirrtuch mit dem Mehl bestäuben. Die Laugenbrezelmasse 1 cm dick darauf verteilen. Die Leberwurstrolle an den Rand der Brezelmasse legen. Das Ganze mit Hilfe des Geschirrtuches zu einer Roulade aufrollen und die beiden Enden des Tuches mit Küchengarn festbinden. Das Ganze in leicht kochendem Salzwasser etwa 25 Minuten köcheln lassen, dann herausnehmen. Die Roulade auswickeln und in 8 Scheiben schneiden.

1 EL gehackte Petersilie

Den Wirsing-Apfel-Salat auf 4 Tellern anrichten. Mit der Petersilie bestreuen. Je 2 Scheiben Brezelknödelrouladen darauf geben.
Dazu paßt Zwiebelsauce.

geht schnell

4 Personen

Zwiebelsauce

250 g Zwiebelwürfel
2 EL Olivenöl
1 TL rosenscharfes Paprikapulver
1 EL Tomatenmark

Die Zwiebeln in einem Topf im heißen Öl glasig dünsten. Mit Paprikapulver bestäuben. Das Tomatenmark dazugeben. Alles verrühren.

150 ml Rotwein
500 ml Kalbsfond
1 EL Speisestärke
1 EL Rotweinessig
Zucker, Salz, Pfeffer

Mit dem Rotwein ablöschen und einkochen lassen. Den Kalbsfond dazugeben und das Ganze um die Hälfte einkochen. Die Stärke mit etwas Wasser anrühren und die Sauce damit binden. Mit Essig, Zucker, Salz und Pfeffer abschmecken.

braucht Zeit
6 Personen

Gebackene Kartoffelfrikadellen mit lauwarmem Gurkensalat

500 g mehligkochende Kartoffeln
Salz
gemahlene Muskatnuß
weißer Pfeffer

Die Kartoffeln waschen und mit der Schale in Salzwasser gar kochen. Danach das Kochwasser abgießen, die Kartoffeln abdämpfen, pellen und zerstampfen. Mit Salz, Muskat und Pfeffer würzen.

30 g Cornflakes
50 g flüssige Butter
1 EL gehackte Petersilie
1 Eigelb

Die Cornflakes leicht zerdrücken. Zusammen mit der flüssigen Butter, gehackter Petersilie und Eigelb unter den Kartoffelbrei mischen und die Masse etwa 30 Minuten quellen lassen.

3 Eier
4 EL Mehl
100 g Semmelbrösel

Aus der Kartoffelmasse 12 gleich große Bällchen formen und etwas flach drücken. Die Eier verquirlen. Die Kartoffelfrikadellen erst in dem Mehl wälzen, dann im verrührten Ei wenden und zum Schluß in den Bröseln wälzen. Beiseite stellen.

1 Salatgurke (600 g)
1 EL Honig
3 EL Essig

Die Gurke schälen, längs halbieren und das Kerngehäuse mit einem Eßlöffel herauskratzen. Die Hälften in ½ cm dicke Scheiben schneiden. Den Honig in einer Pfanne auflösen, mit Essig ablöschen und einkochen. Die Gurkenscheiben dazugeben und glasig dünsten.

200 g Crème fraîche
50 g Schalottenwürfel
abgeriebene Schale von 1 unbehandelten Zitrone
2 EL Tomatenwürfel
2 EL Estragonblätter
Salz
etwas Cayennepfeffer

Die Crème fraîche mit den Schalottenwürfeln und der Zitronenschale vermengen. Die Tomatenwürfel und die Estragonblätter dazugeben und alles mit Salz sowie Cayennepfeffer würzen. Die glasierten Gurken hineingeben und den Salat kurz durchziehen lassen.

3 EL Butterschmalz
Küchenpapier

Die Kartoffelfrikadellen im Butterschmalz goldgelb braten und auf dem Küchenpapier abtropfen lassen.

Estragon zum Garnieren

Den Gurkensalat auf 6 Tellern verteilen. Jeweils 2 Kartoffelfrikadellen auf den Salat setzen. Das Ganze mit Estragon garnieren.

braucht Zeit

4 Personen

Spinat-Austernpilz-Flan mit Steinpilzsauce

20 g getrocknete Steinpilze
1 kg junger Spinat
3 EL Butter
1 EL zerdrückter Knoblauch
50 g Schalottenwürfel
gemahlene Muskatnuß
Salz
schwarzer Pfeffer

Die Steinpilze in 100 ml lauwarmem Wasser für 10 bis 15 Minuten einweichen. Den Spinat putzen, gründlich waschen und verlesen. Die Butter in einer Pfanne erhitzen. Knoblauch und Schalotten darin anschwitzen. Den Spinat dazugeben und alles dünsten, bis der Spinat zusammenfällt. Mit Muskat, Salz und Pfeffer würzen. Nun den Spinat auf ein Sieb geben und gut abtropfen lassen.

5 EL Butter
400 g Austernpilze
1 TL zerdrückter Knoblauch
1 EL Schalottenwürfel
Salz
Pfeffer
1 TL frische Thymianblättchen

Eine feuerfeste Form (15 x 15 cm) mit 1 Eßlöffel Butter ausfetten. Dann mit dem Spinat auslegen. Die Austernpilze mit einem Geschirrtuch abreiben und in Scheiben schneiden. 4 Eßlöffel Butter in einer beschichteten Pfanne erhitzen und die Pilze zusammen mit dem Knoblauch sowie den Schalotten darin anbraten. Mit Salz, Pfeffer und Thymian würzen. Die Pilzmasse auf dem Spinat verteilen.

4 Eigelb
1 Ei
Salz
schwarzer Pfeffer
1 EL Weißwein

Den Backofen auf 220° C vorheizen. Alle Zutaten mit 1 Eßlöffel Einweichwasser von den Steinpilzen über einem warmen Wasserbad cremig aufschlagen. Den Spinat und die Pilze mit dieser Masse bedecken. Den Flan im Ofen auf unterer Schiene etwa 15 Minuten backen.

2 EL Butter
1 EL Schalottenwürfel
100 ml Geflügelbrühe
200 g Sahne

Inzwischen die Butter schmelzen und die Schalotten darin glasig dünsten. Dann die eingeweichten Pilze mitsamt dem Einweichwasser dazugeben und einkochen lassen. Mit Brühe und Sahne auffüllen und das Ganze um die Hälfte einkochen.

1 EL kalte Butter
Salz
schwarzer Pfeffer
1 EL geschlagene Sahne
1 EL gehackte Petersilie

Die kalte Butter in die Sauce einrühren und mit Salz sowie Pfeffer würzen. Zum Schluß die geschlagene Sahne und die gehackte Petersilie darunterrühren.

glatte Petersilie zum Garnieren

Den Flan in Scheiben schneiden. Je 2 Scheiben auf 4 Teller legen, mit der Sauce begießen und mit der Petersilie garnieren.

braucht Zeit
6 Personen

Pfannkuchen mit Kaninchenfüllung und Champignonrahmsauce

2 Eier
80 g Mehl
180 ml Milch
40 g flüssige Butter
gemahlene Muskatnuß
Salz
1 EL Butterschmalz

Die Eier mit Mehl und Milch verquirlen, anschließend mit der flüssigen Butter vermengen. Mit Muskat und Salz würzen. Aus dem Teig in einer beschichteten Pfanne (20 cm Ø) in dem Butterschmalz nacheinander 12 Pfannkuchen backen. Diese auskühlen lassen.

500 g Kaninchenfleisch (Keule)
50 g Schalottenwürfel
100 g Lauchwürfel
100 g Karottenwürfel
2 EL Butter
1 Ei
50 g Sahne
schwarzer Pfeffer, Salz
1 EL Zitronenthymianblättchen

Das Kaninchenfleisch durch die feine Scheibe des Fleischwolfes drehen. Die Gemüsewürfel in der Butter anbraten und zur Fleischmasse geben. Ei und Sahne hinzufügen, alles mit Pfeffer, Salz und Zitronenthymian würzen und gut miteinander verkneten.

24 Schnittlauchhalme
1 TL Butter

Den Backofen auf 170° C vorheizen. Die Schnittlauchhalme kurz im kochenden Wasser blanchieren. Die Kaninchenmasse auf die Pfannkuchen verteilen. Diese aufrollen und die Enden mit je 1 Schnittlauchhalm zubinden, so daß eine Bonbonform entsteht. Die Schnittlauchhalme auf etwa 1 cm Länge nach dem Knoten kürzen. Eine feuerfeste Form mit Butter ausfetten. Die Pfannkuchenpäckchen hineinlegen und im Backofen auf mittlerer Schiene 10 bis 15 Minuten garen.

400 g braune Champignons
2 EL Butterschmalz
50 g Schalottenwürfel
1 EL Mehl
100 ml Geflügelbrühe
100 g Sahne

Inzwischen die Champignons mit einem Küchentuch abreiben und in Viertel oder Achtel schneiden. Das Butterschmalz in einer beschichteten Pfanne erhitzen und die Champignons darin anbraten, dann herausnehmen. In derselben Pfanne die Schalottenwürfel anbraten. Mit Mehl bestäuben, kurz mitbraten. Dann unter Rühren mit Brühe und Sahne auffüllen und 2 bis 3 Minuten kochen, bis die Sauce sämig wird.

2 EL Tomatenwürfel
1 EL gehackte Petersilie
2 EL geschlagene Sahne
Salz
etwas Chilipulver

Die angebratenen Champignons mit Tomatenwürfeln, Petersilie und Sahne in die Pfanne geben. Das Ganze gut vermischen, erhitzen und mit Salz sowie Chilipulver abschmecken. Die Champignonrahmsauce auf 6 Teller verteilen. Jeweils 2 Pfannkuchenpäckchen darauf setzen.

braucht Zeit

4 Personen

Muschelragout mit Gemüsestreifen

3 kg Miesmuscheln
4 kleine Zwiebeln
100 g Knollensellerie
½ Lauchstange

Die Muscheln gründlich waschen und bürsten. Die Bärte entfernen und geöffnete Muscheln wegwerfen. Die Zwiebeln und den Sellerie schälen. Von dem Lauch die Wurzeln und das Grün entfernen. Das verbleibende Stück längs halbieren und gründlich waschen. Nun das Gemüse und die Zwiebel in grobe Stücke schneiden.

2 EL Öl
1 Lorbeerblatt
10 zerstoßene weiße Pfefferkörner
Salz
250 ml Weißwein (trocken)
500 ml Fischfond

Das Öl in einem großen Topf erhitzen. Gemüse- und Zwiebelstücke darin andünsten. Dann die Muscheln dazugeben. Lorbeerblatt, Pfefferkörner und Salz hinzugeben und das Ganze mit dem Weißwein ablöschen. Den Fond angießen und alles 3 bis 5 Minuten kochen lassen, dabei den Topf einige Male zugedeckt rütteln, damit sich die Muscheln verteilen und aufgehen können. Die Muscheln aus dem Sud nehmen und das Muschelfleisch aus den Schalen lösen. Noch geschlossene Muscheln wegwerfen. Den Muschelfond durch ein Sieb in einen Topf gießen und um 1 Drittel einkochen lassen.

200 g Knollensellerie
1 große Karotte
½ Lauchstange
2 Zucchini
1 große Kartoffel (ca. 250 g)

Das Gemüse und die Kartoffeln putzen bzw. schälen und waschen. Dann alles separat in feine Streifen schneiden. Es sollen jeweils 100 g Sellerie-, Karotten- und Lauchjulienne sowie jeweils 200 g Kartoffel- und Zucchinijulienne geschnitten werden. Eventuell anfallende Gemüsereste kleinschneiden und beiseite stellen. Die Gemüse- und Kartoffelstreifen nacheinander im Muschelfond bißfest kochen. Herausnehmen und in eiskaltem Wasser abschrecken. Den Fond abkühlen lassen.

100 g Fischfleisch (z. B. Kabeljau, Seelachs)
1 Eiweiß
Salz

Das Fischfleisch durch die grobe Scheibe des Fleischwolfs drehen. Die Fischmasse mit dem Eiweiß, den Gemüseresten und mit 1 Handvoll gestoßenem Eis vermengen. Diese Masse unter den kalten Muschelfond rühren. Das Ganze aufkochen und etwa 20 Minuten bei schwacher Hitze ziehen lassen. Den Fond durch ein mit einem Passiertuch ausgelegtes Sieb gießen und auffangen. Mit Salz nachwürzen.

Dill zum Garnieren

Das Muschelfleisch mit den Gemüsestreifen in eine Suppenterrine geben und mit dem Muschelfond übergießen. Mit Dill garnieren und zugedeckt sofort servieren.

Blutwurst-Kartoffel-Ravioli mit Rahmsauerkraut

braucht Zeit
4 Personen

2 große Kartoffeln (ca. 500 g)
Alufolie

Den Backofen auf 180° C vorheizen. Die Kartoffeln waschen, in Alufolie einwickeln und im Ofen auf mittlerer Schiene etwa 1 Stunde garen.

1 große Zwiebel, 1 EL Mehl
1 TL edelsüßes Paprikapulver
250 g Butterschmalz zum Fritieren

Inzwischen für die Röstzwiebeln die Zwiebel schälen und in feine Streifen schneiden. Mehl und Paprikapulver mischen. Die Zwiebelstreifen darin wälzen und im Butterschmalz goldbraun fritieren.

2 EL Butter
50 g Schalottenwürfel
50 g Lauchwürfel
80 g Karottenwürfel
Salz, gemahlene Muskatnuß
1 EL frische Majoranblättchen
100 g Sahne
150 g Blutwurst
1 EL Schnittlauchröllchen

Für die Blutwurstfüllung die Butter in einer beschichteten Pfanne erhitzen und die Schalottenwürfel darin dünsten. Die Lauch- und Karottenwürfel dazugeben und mitdünsten. Mit Salz, Muskat und Majoran würzen. Die Sahne dazugießen und sämig einkochen. Dann das Ganze etwas abkühlen lassen. Die Blutwurst in etwa ½ cm dicke Würfel schneiden und zusammen mit Schnittlauchröllchen zum Gemüse geben.

50 g Zwiebelwürfel
Kümmel, Zucker
2 TL Butter
250 g Sauerkraut
300 ml Fleischbrühe
1 EL Speisestärke
Salz, schwarzer Pfeffer
100 g geschlagene Sahne

Die Zwiebelwürfel zusammen mit je 1 Prise Kümmel und Zucker in der Butter anbraten. Das Sauerkraut kurz abspülen, ausdrücken und dazugeben. Mit Brühe auffüllen und etwa 15 Minuten kochen lassen. Die Stärke mit etwas kaltem Wasser verrühren und das Ganze damit binden. Mit Salz, Pfeffer, Kümmel und Zucker abschmecken. Zum Schluß die geschlagene Sahne unterheben.

2 EL Mehl
2 EL Kartoffelstärke
5 Eigelb
gemahlene Muskatnuß
Salz, schwarzer Pfeffer
Klarsichtfolie

Die gegarten Kartoffeln schälen und noch lauwarm durch die Kartoffelpresse drücken. 1 Eßlöffel Mehl, die Kartoffelstärke und 3 Eigelbe dazugeben. Mit Salz, Pfeffer und Muskat würzen und zu einem Teig verkneten. Die Klarsichtfolie mit dem restlichen Mehl bestäuben. Den Teig zwischen der bemehlten Folie mit einem Nudelholz etwa 3 mm dick ausrollen. Die Folie vom Teig abziehen und mit einem Ausstecher Kreise von etwa 8 cm Ø ausstechen. Auf die Mitte der Kreise jeweils etwas von der Blutwurstmasse geben. Die 2 restlichen Eigelbe miteinander verquirlen und die Kreisränder damit bestreichen. Die Kreise zu Ravioli zusammenklappen und die Ränder aufeinander drücken.

Salz
3 EL Butterschmalz
1 EL frische Majoranblättchen
schwarzer Pfeffer

Die Ravioli ins siedende Salzwasser geben und unter dem Siedepunkt etwa 3 Minuten ziehen lassen. Anschließend in Eiswasser abschrecken und auf einem Geschirrtuch abtropfen lassen. Das Butterschmalz in einer Pfanne erhitzen und die abgetropften Ravioli darin von beiden Seiten goldgelb braten. Mit Majoran, Salz und Pfeffer würzen.
Das Rahmsauerkraut mit den Kartoffelravioli anrichten und mit den Röstzwiebeln garnieren.

geht schnell

4 Personen

Sauerkrautauflauf mit Limonen-Crème-fraîche

100 g Schalotten
4 EL Butter
4 EL Mehl
200 g Sahne
Salz
schwarzer Pfeffer

Die Schalotten schälen, fein würfeln und in der heißen Butter anschwitzen. Mit dem Mehl bestäuben, verrühren und es leicht anschwitzen lassen. Die Sahne dazugießen und alles verrühren. Das Ganze mit Salz und Pfeffer abschmecken und bei kleiner Flamme etwa 5 Minuten einkochen.

400 g Sauerkraut
1 EL gemahlener Kümmel

Das Sauerkraut auf einem Sieb abtropfen lassen und kleinschneiden. Es zur eingekochten Sahnesauce geben und mit dem Kümmel abschmecken. Auskühlen lassen.

200 g Kartoffeln
100 g Petersilienwurzel
Salz

Die Kartoffeln schälen, waschen und in 1 cm große Würfel schneiden. Die Petersilienwurzel schälen, putzen und ebenfalls in 1 cm große Würfel schneiden. Beides zusammen in Salzwasser halbfertig garen. Dann abschrecken, abtropfen lassen und zum Sauerkraut geben. Den Backofen auf 170° C vorheizen.

4 Eiweiß
Salz

Die Eiweiße mit dem Salz steifschlagen und unter die kalte Sauerkrautmasse heben.

2 EL Butter
3 EL Semmelbrösel

Eine Auflaufform mit der Butter ausfetten und mit den Bröseln ausstreuen. Die Sauerkrautmasse hineinfüllen und glattstreichen. Die Form in ein Wasserbad stellen und das Ganze im vorgeheizten Backofen auf unterer Schiene ungefähr 40 Minuten garen.

200 g Crème fraîche
Saft und abgeriebene Schale von 1 Limone
Salz, schwarzer Pfeffer

Die Crème fraîche mit dem Limonensaft und der -schale verrühren. Mit Salz und Pfeffer abschmecken. Als Sauce zum Kartoffel-Sauerkraut-Auflauf reichen.

Mein Tip

Zur Herstellung von Sauerkraut wird der Weißkohl in Streifen gehobelt und in Behältern eingesalzen – für den Hausgebrauch in Fässern oder Steinguttöpfen. Nach dem Stampfen wird er ordentlich zugedeckt und beschwert. So ruht der Kohl 3 bis 7 Wochen, und die natürlich gebildeten Milchsäurebakterien wandeln den Zucker im Kohl in Säure um. Es entsteht Sauerkraut, das sich durch lange Haltbarkeit und einen hohen Vitamin-C-Gehalt auszeichnet. Frisches Sauerkraut können Sie auch lose auf dem Wochenmarkt oder ansonsten als Konserve im Supermarkt kaufen.

H · a · u · p · t · g

8035/20 cm (8")
45 Cr Mo V 15

braucht Zeit

4 Personen

Geschmorte Schweinebacken auf sauren Linsen mit gefüllten Kartoffeln

50 g schwarze Linsen
50 g braune Linsen

Beide Linsensorten in einer Schüssel mit Wasser bedecken und über Nacht einweichen.

12 ausgelöste Schweinebacken
2 EL Öl
150 g Röstgemüse (Karotten, Sellerie, Lauch)
1 EL Tomatenmark
200 ml trockener Rotwein
150 ml Kalbsfond
Salz, schwarzer Pfeffer
1 EL Speisestärke

Die Schweinebacken im Öl anbraten. Das Röstgemüse hinzufügen und leicht mitrösten. Dann die Backen herausnehmen. Das Tomatenmark dazugeben und mit dem Röstgemüse mischen. Das Ganze mit dem Rotwein ablöschen. Dann den Kalbsfond angießen, die Schweinebacken dazugeben und alles 40 bis 50 Minuten zugedeckt schmoren lassen. Danach die Backen herausnehmen und warm stellen. Den Fond durch ein Sieb passieren, in einem Topf auffangen und mit Salz und Pfeffer abschmecken. Die Sauce zum Kochen bringen. Die Speisestärke mit etwas kaltem Wasser verrühren und damit die Sauce binden. Nochmals kurz köcheln lassen.

100 ml Weißweinessig
50 g rote Linsen

Nun die eingeweichten Linsen mit dem Einweichwasser und dem Essig etwa 15 Minuten kochen. Danach das Essigwasser abgießen und die Linsen abtropfen lassen. Die roten Linsen 1 bis 2 Minuten in wenig Wasser garen und mit den anderen Linsen mischen.

½ Bund Majoran
50 g Schalottenwürfel
1 EL Butter
100 g blanchierte Gemüsewürfel (Sellerie, Karotte, Petersilienwurzel)
100 ml Balsamessig
Salz, schwarzer Pfeffer
3 EL Crème double

Den Majoran waschen, trockentupfen und fein hacken. Die Schalotten in der Butter andünsten. Nun die Gemüsewürfel dazugeben. Das Ganze mit dem Essig ablöschen und auf ein Drittel einkochen lassen. Die Linsen mit dem Gemüse vermengen und alles mit Salz, Pfeffer und Majoran abschmecken. Die Crème double darunterrühren.

4 mittelgroße Kartoffeln (à 120 g)
Salz
2 Eigelb
2 EL Crème fraîche

Die Kartoffeln schälen, längs halbieren und mit einem Kugelausstecher aushöhlen. Die ausgehöhlten Kartoffelhälften in Salzwasser weich kochen, dabei aufpassen, daß sie nicht zerfallen. Die Kartoffelstückchen, die beim Aushöhlen angefallen sind, in wenig Salzwasser garen. Das Kochwasser abgießen. Die Stückchen durch ein Sieb passieren. Mit den Eigelben und der Crème fraîche verrühren.

3 EL Butter
2 EL Speckwürfel
1 EL Schnittlauchröllchen
Salz
schwarzer Pfeffer
gemahlene Muskatnuß

Den Backofen auf 200° C vorheizen. In einer beschichteten Pfanne 1 Teelöffel Butter erhitzen und den Speck darin kroß braten. Zusammen mit den Schnittlauchröllchen in die Kartoffelmasse rühren. Das Ganze mit Salz, Pfeffer und Muskat abschmecken. Die Kartoffel-Speck-Masse in die ausgehöhlten Kartoffelhälften füllen. Die Kartoffeln in eine gebutterte feuerfeste Form setzen und die restliche Butter in Flöckchen auf den Kartoffeln verteilen. Im Ofen auf mittlerer Schiene etwa 10 Minuten goldgelb backen.

BALSAMICO
Aceto balsamico di Modena
Prodotto e imbottigliato da:
FONDO MONTEBELLO S.r.l.
Loc. Paganine (Modena - Italy)
Ingredienti:
Aceto di vino
Mosto cotto di uve trebbiane
250 ml ℮ 8,5 OZ

Szegediner Gulasch mit Kartoffel-Kresse-Püree

braucht Zeit
4 Personen

3 Zwiebeln ***2 Knoblauchzehen*** ***1 EL Kümmel*** ***600 g Schweinegulasch (Schulter)*** ***Salz, schwarzer Pfeffer*** ***3 EL Öl*** ***1 EL Tomatenmark*** ***2 EL edelsüßes Paprikapulver***	Die Zwiebeln schälen, halbieren und in Streifen schneiden. Den Knoblauch schälen und in einem Mörser zusammen mit dem Kümmel zu einer Paste zerreiben. Das Schweinegulasch mit Salz und Pfeffer würzen. Im Bräter im heißen Öl scharf anbraten. Dann die Zwiebeln mitbraten, bis sie Farbe bekommen. Zum Schluß die Knoblauchpaste und das Tomatenmark hineinrühren sowie das Paprikapulver dazusieben.
600 g Sauerkraut ***350 ml Fleischbrühe***	Den Backofen auf 180° C vorheizen. Das Sauerkraut kurz abspülen und ausdrücken. Das Gulasch mit der Brühe ablöschen. Dann das Sauerkraut dazugeben. Den Bräter mit dem Deckel schließen und im Ofen auf unterer Schiene etwa 1 Stunde garen.
500 g Kartoffeln ***Salz*** ***100 ml Milch*** ***100 g Sahne*** ***gemahlene Muskatnuß*** ***Salz, schwarzer Pfeffer***	Inzwischen die Kartoffeln schälen, waschen und im Salzwasser garen. Anschließend das Wasser abgießen und die Kartoffeln abdämpfen. Nun durch die Kartoffelpresse drücken. Die Milch zusammen mit der Sahne aufkochen, zu den Kartoffeln geben und aufschlagen. Den Kartoffelbrei mit Muskat, Salz und Pfeffer abschmecken. Warm stellen.
2 EL Speisestärke ***150 g Crème fraîche***	Nach der Garzeit das Fleisch aus dem Ofen nehmen. Die Stärke mit etwas Wasser verrühren und das Gulasch damit binden. Zum Schluß die Crème fraîche einrühren.
50 g Gartenkresse ***2 EL zimmerwarme Butter***	Die Gartenkresse waschen, trockentupfen und fein hacken. Sie zum Schluß zusammen mit der Butter unter das Kartoffelpüree heben.

geht schnell

Königsberger Klopse

4 Personen

1 EL Öl
1 TL Butter
120 g Zwiebelwürfel
1 zerdrückte Knoblauchzehe
300 g mageres Schweinehackfleisch
400 g mageres Rinderhackfleisch

Das Öl mit der Butter in einer Pfanne erhitzen. Die Zwiebelwürfel und den Knoblauch darin glasig dünsten. Herausnehmen und abkühlen lassen. Beides anschließend mit dem Hackfleisch in eine Schüssel geben.

2 altbackene Brötchen
125 ml lauwarme Milch
1 EL eingelegte Sardellen
2 Eigelb
1 Ei
Salz, schwarzer Pfeffer
gemahlene Muskatnuß
1 EL gehackte Petersilie

Die Brötchen entrinden, in Würfel schneiden und in der Milch einweichen. Sardellen in kleine Würfel schneiden. Die Eigelbe und das Ei zusammen mit der ausgedrückten Brötchenmasse und den Sardellenwürfeln zum Hackfleisch geben. Alles gut verkneten und mit Salz, Pfeffer und Muskat abschmecken. Zum Schluß die gehackte Petersilie darunterrühren. Aus der Masse 12 Klopse formen. Diese auf einen Teller legen und kühl stellen.

3 EL gesalzene Butter
50 g Mehl
1 l Rinderbrühe

Die Butter in einem großen Topf zerlassen. Das Mehl hineinsieben und unter Rühren anschwitzen. Die Brühe angießen und unter Rühren aufkochen lassen.

1 EL eingelegte Sardellen
75 g Kapern
2 EL Weißweinessig
Salz, schwarzer Pfeffer
gemahlene Muskatnuß

Die Sardellen in kleine Würfel schneiden. Diese zusammen mit Kapern und Weißweinessig in die Sauce geben. Mit Salz, Pfeffer und Muskat abschmecken. Die Fleischklopse in die leicht köchelnde Sauce geben und bei geringer Hitze im offenen Topf 10 bis 15 Minuten garziehen lassen. Dazu paßt Gemüsereis.

Johann Lafer

Mein Tip

Bereits die alten Griechen und Römer schätzten die Kapern als Gewürz und Heilmittel. Die Blüten des im Mittelmeer beheimateten Kapernstrauches werden als geschlossene Knospen geerntet, getrocknet und in eine Lake aus Essig und Salz oder nur in Essig eingelegt. Je kleiner die Knospen, um so feiner die Kapern, die angenehm bitter und leicht scharf schmecken. Sie geben der hellen Sauce der berühmten Königsberger Klopse den gewissen scharfsauren, aber dennoch angenehmen Geschmack.

Tafelspitz mit Semmel-Apfel-Kren und Bouillonkartoffeln

braucht Zeit
6 Personen

1,5 kg Tafelspitz *2 Schalotten* *1 Tomate* *je 100 g Lauch, Knollensellerie, Karotten, Petersilienwurzel* *3 zerdrückte Knoblauchzehen* *2 Lorbeerblätter* *1 Rosmarinzweig* *je 2 Majoran- und Thymianzweige* *5 Pfefferkörner* *Klarsichtfolie*	Den Tafelspitz in eine große Schüssel legen. Die Schalotten schälen und vierteln. Das Gemüse putzen, waschen bzw. schälen und grob würfeln. Alles zusammen mit dem Knoblauch zum Fleisch geben. Das Ganze mit den Kräutern und Pfefferkörnern bestreuen und mit 1½ l Wasser auffüllen. Die Schüssel mit der Folie verschließen, kalt stellen und 24 Stunden marinieren lassen.
Salz	Das Fleisch aus der Marinade nehmen und abtropfen lassen. Die Marinade mit dem Gemüse und den Gewürzen zum Kochen bringen. Nun das Fleisch dazugeben, das Ganze mit Salz würzen und etwa 3 Stunden zugedeckt köcheln lassen. Den Sud während dieser Zeit immer wieder abschäumen.
750 g Kartoffeln *50 g Petersilienwurzel* *50 g Sellerie* *100 g Karotten* *100 g Lauch*	Inzwischen die Kartoffeln schälen, waschen und in etwa 1 cm dicke Würfel schneiden. Das Gemüse putzen bzw. schälen, waschen und in ungefähr halb so dicke Würfel schneiden.
250 ml Apfelsaft *4 EL frisch geriebener Meerrettich (Kren)* *1 Apfel (Golden Delicious)* *Salz* *schwarzer Pfeffer* *1 altbackenes Brötchen*	Wenn das Fleisch weich ist, den Topf vom Herd nehmen und den Tafelspitz etwa 30 Minuten im Sud ruhen lassen. Dann herausnehmen, mit einem feuchten Geschirrtuch abdecken und warm halten. Die Brühe durch ein Sieb gießen und auffangen. Etwa 300 ml Brühe beiseite stellen. 250 ml Tafelspitzbrühe mit dem Apfelsaft um die Hälfte einkochen. Den Meerrettich in die Brühe rühren. Den Apfel schälen, vierteln und das Kerngehäuse entfernen. Grob in die Sauce reiben und diese dann mit Salz und Pfeffer abschmecken. Das Brötchen entrinden, in Würfel schneiden und die Sauce damit binden.
Salz *schwarzer Pfeffer* *1 EL gehackte Petersilie* *2 EL Butter*	Die Kartoffeln mit der kalten, zurückgestellten Tafelspitzbrühe aufsetzen und salzen. Nach der Hälfte der Garzeit die Würfel der Petersilienwurzel, Sellerie und Karotten dazugeben und weitergaren. Zum Schluß den Lauch dazugeben. Mit Pfeffer und gehackter Petersilie würzen. Die eiskalte Butter mit der Brühe der Bouillonkartoffeln im Topf kräftig verrühren.
glatte Petersilie zum Garnieren	Den Tafelspitz in Scheiben schneiden. Je 2 Scheiben auf 6 Teller anrichten, den Semmel-Apfel-Kren auf das Fleisch geben und die Bouillonkartoffeln daneben anrichten. Mit glatter Petersilie garnieren.

braucht Zeit
4 Personen

Rinderroulade mit Pilz-Kräuter-Füllung und Schupfnudeln

1 altbackenes Brötchen
125 ml lauwarme Milch
200 g Champignons

Das Brötchen in der Milch einweichen. Die Champignons mit einem Geschirrtuch abreiben und in kleine Würfel schneiden.

2 EL Butter
50 g Zwiebelwürfel
2 zerdrückte Knoblauchzehen
Salz, schwarzer Pfeffer
½ Bund Petersilie
200 g Rinderhackfleisch
2 EL mittelscharfer Senf, 1 Eigelb
gemahlene Muskatnuß

Die Butter in einer beschichteten Pfanne erhitzen. Die Zwiebeln und den Knoblauch darin glasig dünsten. Die Champignons dazugeben und alles goldbraun braten. Mit Salz und Pfeffer würzen, dann etwas abkühlen lassen. Die Petersilie waschen, trockentupfen und hacken. Das Brötchen gut ausdrücken und mit dem Hackfleisch, Senf, Eigelb, gehackter Petersilie und mit der Champignon-Zwiebel-Mischung vermengen. Die Masse gut durchkneten und mit Salz, Pfeffer sowie Muskat abschmecken.

Klarsichtfolie
1 TL Öl
4 Rinderrouladen (à 180 – 200 g)
Küchengarn
Salz, schwarzer Pfeffer

Die Klarsichtfolie mit Öl bestreichen. Nacheinander je 1 Roulade zwischen die Folie legen und das Fleisch flachklopfen. Die Pilz-Kräuter-Füllung gleichmäßig auf die 4 Rouladen verteilen. Dann die Fleischscheiben seitlich etwas einschlagen, jeweils von der schmalen Seite zusammenrollen und mit Küchengarn umwickeln. Die Rouladen außen salzen und pfeffern.

4 EL Öl
je 50 g Zwiebel-, Karotten- und Lauchwürfel
1 EL Tomatenmark
1 l Rinderbrühe
2 Thymianzweige, 10 Senfkörner
1 Lorbeerblatt, 5 Pfefferkörner

Den Backofen auf 150° C vorheizen. Das Öl in einem Bräter erhitzen und die Rouladen darin bei mittlerer Hitze von allen Seiten anbraten.
Zwiebel-, Karotten- und Lauchwürfel in den Bräter geben und mit dem Tomatenmark anrösten. Die Brühe angießen und die Gewürze dazugeben. Das Ganze im geschlossenen Bräter auf mittlerer Schiene etwa 45 Minuten schmoren.

450 g mehlig kochende Kartoffeln
Salz

Inzwischen die Kartoffeln waschen und in Salzwasser garen. Sie anschließend abdämpfen, pellen und noch warm durch die Kartoffelpresse drücken.

2 EL Hartweizengrieß
60 g Mehl
2 Eigelb
Salz
gemahlene Muskatnuß
1 EL Kartoffelmehl

Grieß, Mehl, Eigelb, Salz und Muskat zur Kartoffelmasse geben und verkneten. Etwa 20 Minuten ruhen lassen.
Die Hände mit Kartoffelmehl bestäuben und aus dem Teig kleine Fingernudeln formen. Die Schupfnudeln in kochendes Salzwasser geben und sie bei schwacher Hitze so lange ziehen lassen, bis sie an der Wasseroberfläche schwimmen. Sie dann mit kaltem Wasser abschrecken und auf einem Sieb abtropfen lassen.

2 EL Butterschmalz
Salz, schwarzer Pfeffer
1 EL gehackte Petersilie

Das Butterschmalz in einer Pfanne erhitzen und die Schupfnudeln darin goldbraun braten. Mit Salz und Pfeffer würzen. Die Petersilie dazugeben und kurz mitbraten.

1 EL Speisestärke
1 EL gehackte Petersilie

Die Rouladen aus dem Fond nehmen und das Küchengarn entfernen. Den Fond passieren und in einem Topf um die Hälfte einkochen. Die Speisestärke mit etwas Wasser anrühren. Damit die Sauce binden.

Rinder-Zwiebel-Gulasch mit Kümmelkartoffeln

braucht Zeit

4 Personen

600 g rote Zwiebeln
3 El Öl
800 g Rindergulasch (Bug)
2 zerdrückte Knoblauchzehen
1 EL edelsüßes Paprikapulver
1 EL Tomatenmark
3 EL Essig

Die Zwiebeln schälen und in feine Streifen schneiden. Das Öl in einem großen Topf erhitzen und das Gulasch darin kräftig anbraten. Das Fleisch herausnehmen und auf einem Teller beiseite stellen. Die Zwiebeln mit dem Knoblauch im selben Topf anbraten. Das Paprikapulver darüberstreuen. Das Tomatenmark hineinrühren und leicht anrösten.Das Ganze mit dem Essig ablöschen.

1 l Rinderbrühe
schwarzer Pfeffer
2 Lorbeerblätter
1 TL gemahlener Kümmel

Die Brühe angießen und das angebratene Fleisch dazugeben. Mit Pfeffer, Lorbeer und Kümmel würzen. Das Ganze im geschlossenen Topf bei milder Hitze etwa 30 Minuten schmoren lassen. Das Fleisch mit einer Fleischgabel herausnehmen und in einer Schüssel warm stellen. Die Sauce etwa 30 Minuten weiterkochen und durch ein feinmaschiges Sieb passieren.

200 g Perlzwiebeln
abgeriebene Schale von 1 unbehandelten Zitrone
Salz, schwarzer Pfeffer
½ EL gehackter, frischer Thymian

Die Perlzwiebeln mit heißem Wasser überbrühen und pellen. Zusammen mit den Fleischstücken und der Zitronenschale in die Sauce geben. Das Ganze mit Salz, Pfeffer und Thymian würzen und weitere 30 Minuten zugedeckt schmoren lassen.

600 g festkochende Kartoffeln
Salz
1 TL ganzer Kümmel

Inzwischen die Kartoffeln waschen. Salz und Kümmel ins Kochwasser geben und darin die Kartoffeln garen. Das Wasser abgießen, die Kartoffeln ausdämpfen und pellen.

2 EL Butterschmalz
1 TL gemahlener Kümmel
Salz
2 EL gehackte Petersilie

Das Butterschmalz in einer beschichteten Pfanne erhitzen. Den Kümmel dazugeben und die Kartoffeln darin anschwenken. Mit Salz würzen und mit Petersilie bestreuen. Das Gulasch mit den Kümmelkartoffeln auf 4 Tellern anrichten. Dazu paßt Möhrengemüse.

Johann Lafer

Mein Tip

Kümmel ist eines der ältesten europäischen Würzmittel. Schon in der Steinzeit wurden damit die Speisen verfeinert. Der sichelförmige Samen schmeckt herzhaft, leicht herb und entfaltet sein ätherisches Öl voll und ganz, wenn man ihn kurz vor der Beigabe zum Gericht zerstößt oder mit der Gewürzmühle mahlt. In der Heilkunde ist Kümmel als magen- und darmanregend, appetitfördernd und krampflösend bekannt. Er macht schwere Speisen auch für empfindliche Mägen bekömmlicher.

braucht Zeit

Geschmorte Kalbshaxenscheiben

8 Personen

8 Kalbshaxenscheiben (à ca. 200 g, ca. 3 cm dick)
Salz, schwarzer Pfeffer
2 EL Mehl

Die Kalbshaxenscheiben waschen, trockentupfen und am Rand mehrmals einschneiden. Mit Salz und Pfeffer würzen. Im Mehl wenden und überschüssiges Mehl abklopfen.

4 EL Olivenöl
4 EL Balsamessig
100 ml Weißwein
100 ml Rotwein
500 ml Rinderbrühe
3 Knoblauchzehen
3 Lorbeerblätter

Das Fleisch in einem großen Topf im heißen Öl von beiden Seiten anbraten. Essig, Weißwein und Rotwein dazugeben und einkochen lassen. Inzwischen den Knoblauch schälen und in dünne Scheiben schneiden. Die Brühe angießen. Lorbeerblätter und Knoblauch dazugeben. Das Ganze zugedeckt bei schwacher Hitze etwa 1½ Stunden schmoren. Zwischendurch einmal wenden. Die gegarten Kalbshaxenscheiben aus dem Bratenfond herausnehmen. Den Fond durch ein feinmaschiges Sieb passieren.

1 Knoblauchzehe
5 frische Salbeiblättchen
1 EL frische Rosmarinnadeln
2 EL frische Thymianblättchen
abgeriebene Schale von ½ unbehandelten Zitrone
400 g geschälte Tomaten (aus der Dose)
1 EL Speisestärke

Inzwischen den Knoblauch schälen. In einem Mörser zusammen mit Salbei, Rosmarin, Thymian und Zitronenschale zu einer Paste zerreiben. Die Tomaten auf einem Sieb abtropfen lassen. Die Hälfte der Knoblauch-Kräuter-Paste zusammen mit den Tomaten zu den Kalbshaxenscheiben und den Bratenfond geben. Das Ganze zugedeckt weitere 30 Minuten schmoren. Die Stärke mit etwas Wasser verrühren und den Fond damit binden.

Salz
schwarzer Pfeffer
2 EL gehackte Petersilie

Die restliche Paste unter die Sauce rühren. Mit Salz und Pfeffer abschmecken. Alles in eine große Schüssel geben und mit der gehackten Petersilie garnieren.
Dazu passen Salbeigrießknödel.

braucht Zeit

Salbeigrießknödel

8 Stück

500 ml Milch
100 g Butter
Salz
gemahlene Muskatnuß
150 g Hartweizengrieß
1 Ei, 1 Eigelb
2 EL gehackte, frische Salbeiblättchen

Die Milch mit Butter, Salz und Muskat zum Kochen bringen. Nun den Grieß hineinrieseln lassen und unter Rühren etwa 5 Minuten kochen. Etwas abkühlen lassen. Dann Ei, Eigelb und Salbei unterrühren. Die Masse zugedeckt etwa ½ Stunde auskühlen lassen. Mit befeuchteten Händen aus der Masse 16 Knödel formen. Diese in leicht siedendem Wasser etwa 10 Minuten ziehen lassen, bis sie an der Oberfläche schwimmen. Dann die Knödel herausnehmen und sorgfältig abtropfen lassen.

70 g Butter
3 El Semmelbrösel
1 zerdrückte Knoblauchzehe
4 feingehackte, frische Salbeiblättchen

Inzwischen die Butter zerlassen. Semmelbrösel mit Knoblauch und Salbei darin kurz anrösten. Die Knödel auf eine Servierplatte legen und die Butter darauf verteilen.

braucht Zeit
4 Personen

Kalbfleischröllchen auf Gemüse

120 g Kalbfleisch, in Würfel geschnitten
100 g Sahne, 2 EL Portwein
1 EL gehackte Petersilie
etwas Cayennepfeffer, Salz
50 g blanchierte Gemüsewürfel (Karotte, Kohlrabi, Frühlingszwiebel)

Das in Würfel geschnittene Kalbfleisch anfrieren. Anschließend zusammen mit Sahne, Portwein und Petersilie in einem Mixer zu einer Farce pürieren. Die Gemüsewürfel daruntermengen. Das Ganze mit Salz und Cayennepfeffer abschmecken.

8 Kalbsschnitzel (à ca. 80 g)
Klarsichtfolie
Salz, schwarzer Pfeffer
8 Holzzahnstocher
4 EL Öl

Die Kalbsschnitzel waschen, trockentupfen und mit der breiten Seite eines großen Küchenmessers zwischen Klarsichtfolie etwas flach klopfen. Mit Salz und Pfeffer würzen. Die Farce darauf verteilen. Die Schnitzel an der langen Seite ein wenig einschlagen, dann von der schmalen Seite her zusammenrollen. Die Kalbfleischröllchen mit den Zahnstochern zusammenstecken. Das Öl in einer Pfanne erhitzen und die Kalbfleischröllchen darin von allen Seiten anbraten. Mit Salz und Pfeffer würzen. Aus der Pfanne nehmen und warm stellen.

50 g Brokkoliröschen
50 g Spargelspitzen
50 g Karottenscheiben
50 g Kohlrabistifte
50 g Frühlingszwiebelringe
4 EL Butter
1 TL Curry
100 ml Kalbsbrühe
100 g Sahne
1 EL gehackter Kerbel
1 EL Zitronensaft
Salz, schwarzer Pfeffer

Das geputzte, zerkleinerte Gemüse in der noch heißen Pfanne in der Butter leicht andünsten und mit Curry würzen. Kalbsbrühe und Sahne aufgießen. Die Kalbfleischröllchen wieder hinzugeben. Das Ganze mit Kerbel, Zitronensaft, Salz und Pfeffer würzen. Zugedeckt bei schwacher Hitze etwa 10 Minuten köcheln lassen. Die Kalbfleischröllchen herausnehmen und die Zahnstocher entfernen.

Kerbel zum Garnieren

Das Gemüse auf 4 Tellern anrichten. Je 2 Kalbfleischröllchen auf das Gemüse setzen. Mit Kerbel garnieren.
Dazu passen Aniskartoffeln.

geht schnell
4 Personen

Aniskartoffeln

500 g kleine, festkochende Kartoffeln
Salz

Die Kartoffeln gründlich waschen und in Salzwasser gar kochen. Anschließend das Wasser abgießen und die Kartoffeln abdämpfen lassen. Dann pellen.

1 EL Butter
1 TL Anissamen
Salz

Die Butter in einer beschichteten Pfanne erhitzen. Die Kartoffeln darin schwenken. Den Anis dazugeben und mit den Kartoffeln vermengen. Die Aniskartoffeln abschließend salzen.

braucht Zeit

6 Personen

Lammrücken im Chinakohlmantel mit Zitronen-Thymian-Sauce

2 küchenfertige Lammrückenstränge (ca. 800 g)
3 EL Olivenöl
1 zerdrückte Knoblauchzehe
1 Thymianzweig
Salz, Pfeffer

Die Lammrückenstränge waschen und trockentupfen. Dann in einer Pfanne im heißen Öl von allen Seiten anbraten. Knoblauch und Thymianzweig kurz mitbraten. Das Fleisch mit Salz und Pfeffer würzen. Dann aus der Pfanne nehmen und abkühlen lassen.

je 100 g Karotten-, Lauch- und Selleriewürfel
150 g Zwiebelwürfel
3 zerdrückte Knoblauchzehen
2 EL Olivenöl
400 g Lammhackfleisch
2 Eier
1 TL Senf
½ TL gemahlener Rosmarin
1 TL gemahlener Thymian
Salz, schwarzer Pfeffer

Die Karotten-, Lauch- und Selleriewürfel in Salzwasser blanchieren. Das Wasser abgießen und das Gemüse abschrecken. Die Zwiebelwürfel mit dem Knoblauch in einer Pfanne im heißen Öl glasig dünsten und etwas abkühlen lassen. Zusammen mit den Gemüsewürfeln und den Eiern zum Lammhackfleisch geben. Dann alles miteinander verkneten. Das Ganze mit Senf, Rosmarin, Thymian, Salz und Pfeffer abschmecken.

1 Chinakohl
Salz

Den Chinakohl vom Strunk und von den äußeren Blättern befreien. Die inneren Blätter waschen und in Salzwasser blanchieren. Mit einer Schöpfkelle herausnehmen und in Eiswasser abschrecken. Dann auf einem Geschirrtuch ausbreiten, eventuell noch trockentupfen.

Alufolie
1 TL Olivenöl
Salz
schwarzer Pfeffer

Den Backofen auf 150° C vorheizen. Die Alufolie in 2 große Stücke (30 x 40 cm) schneiden. Diese mit Olivenöl bestreichen. Die Chinakohlblätter auf der vorbereiteten Alufolie zu 2 großen Rechtecken auslegen. Salzen und pfeffern. Die Lammfleisch-Gemüse-Masse gleichmäßig darauf verteilen. Die angebratenen Lammrückenstränge auf das erste Drittel des Rechtecks legen und alles fest zusammenrollen. Die Lammrückenstränge im Ofen auf mittlerer Schiene etwa 30 Minuten garen. Vor dem Anschneiden etwa 10 Minuten ruhen lassen.

50 g Schalottenwürfel
2 EL Öl
100 ml Weißwein
400 ml Lammfond
200 g Sahne
Salz, schwarzer Pfeffer
Saft von ½ Zitrone
2 EL geschlagene Sahne
1 EL gehackte Thymianblättchen

Die Schalottenwürfel in einer Pfanne im heißen Öl glasig dünsten. Mit dem Wein ablöschen und etwas einkochen lassen. Lammfond und Sahne angießen und die Sauce sämig einkochen lassen. Mit Salz, Pfeffer und Zitronensaft abschmecken. Die geschlagene Sahne unterheben und alles mit dem Pürierstab aufschlagen. Zum Schluß den Thymian in die Zitronensauce geben.

Filets von 1 Zitrone
Thymian zum Garnieren

Den in Scheiben geschnittenen Lammrücken mit der Zitronen-Thymian-Sauce auf 6 Tellern verteilen. Mit den Zitronenfilets und dem Thymian garnieren.

braucht Zeit

4 Personen

Lammrollbraten mit Stampfkartoffeln

1,5 kg ausgelöste Lammschulter Salz, schwarzer Pfeffer 2 zerdrückte Knoblauchzehen 2 EL frische Thymianblättchen Klarsichtfolie	Das Lammfleisch waschen, sorgfältig trockentupfen und mit Salz, Pfeffer, Knoblauch und Thymian einreiben. Das Fleischstück in Alufolie einschlagen und etwa 30 Minuten marinieren.
1 altbackenes Brötchen 75 ml lauwarme Milch 1 Schalotte, 2 EL Butter	Inzwischen das Brötchen entrinden, würfeln und mit der lauwarmen Milch übergießen. Die Schalotten schälen, würfeln und in der Butter glasig dünsten. Dann zu den eingeweichten Brötchenwürfeln geben.
150 g Lammhackfleisch 1 Ei, 1 TL zerdrückter Knoblauch 1 EL abgeriebene Schale von 1 unbehandelten Zitrone 1 EL gehackte Petersilie Salz, schwarzer Pfeffer	Den Backofen auf 180° C vorheizen. Das Lammhackfleisch zusammen mit Ei, Knoblauch, Zitronenschale, Petersilie und der Schalotten-Brötchen-Masse verkneten. Mit Salz und Pfeffer abschmecken.
1 EL Senf Küchengarn	Das marinierte Lammfleisch auf einer Seite zuerst mit dem Senf, dann mit der Hackfleischmasse bestreichen. Das Fleisch mit der bestrichenen Seite nach innen zusammenrollen und mit Küchengarn zubinden.
2 EL Öl 300 g zerhackte Lammknochen 300 g Röstgemüse (Lauch, Sellerie, Zwiebeln, Karotten, Petersilienwurzeln) 1 EL Tomatenmark 200 ml Rotwein 1 l Lammfond, 3 Thymianzweige	Das Öl in einem großen Bräter erhitzen. Fleisch und Lammknochen darin bei starker Hitze anbraten. Das Röstgemüse sowie das Tomatenmark dazugeben und anbräunen. Das Ganze mit Rotwein ablöschen und einkochen lassen. Nun den Lammfond und die Thymianzweige dazugeben. Das Fleisch im Bräter auf mittlerer Schiene im Ofen etwa 1 Stunde zugedeckt schmoren.
600 g Kartoffeln	Inzwischen die Kartoffeln schälen, waschen und in Salzwasser gar kochen. Das Wasser abgießen, die Kartoffeln abdämpfen und in einer Schüssel zu Brei zerstampfen. Die Stampfkartoffeln warm halten.
1 EL Speisestärke Salz, Pfeffer 1 TL abgeriebene Schale von 1 unbehandelten Zitrone	Nach der Garzeit den Braten herausnehmen und zugedeckt warm stellen. Die Sauce durch ein feinmaschiges Sieb passieren, erneut erhitzen und etwas einkochen lassen. Die Stärke mit etwas Wasser anrühren und die Sauce damit binden. Mit Salz, Pfeffer und Zitronenschale abschmecken.
2 Schalotten 50 g entsteinte grüne Oliven 50 g entsteinte schwarze Oliven 100 ml Olivenöl 1 EL geschnittenen Salbei 1 EL Tomatenwürfel	Die Schalotten schälen und fein würfeln. Die Oliven in kleine Stücke schneiden. Die Schalottenwürfel im Olivenöl anschwitzen. Dann die Oliven zusammen mit dem Salbei und den Tomaten dazugeben und kurz im Öl schwenken. Das Fleisch in Scheiben schneiden. Auf 4 Tellern jeweils 2 Scheiben Lammrollbraten mit den Stampfkartoffeln anrichten. Die Sauce an das Fleisch gießen und das Oliven-Tomaten-Gemüse auf die Stampfkartoffeln geben.

braucht Zeit

4 Personen

Curryhähnchen

4 Hähnchenbrüste 4 Hähnchenschenkel 5 TL Sesamöl 3 TL Sojasauce 2 TL Curry Salz, schwarzer Pfeffer 2 zerdrückte Knoblauchzehen	Die Hähnchenbrüste und -schenkel waschen und trockentupfen. Das Sesamöl mit Sojasauce, Curry, Salz, Pfeffer und Knoblauch sorgfältig verrühren. Das Hähnchenfleisch rundherum mit dieser Mischung bestreichen, in eine Schüssel legen und zugedeckt für etwa 1 Stunde in den Kühlschrank stellen.
2 EL Sesamöl	Den Backofen auf 150° C vorheizen. Das Fleisch in einem Bräter im heißen Sesamöl anbraten. Dann im Ofen auf mittlerer Schiene etwa 20 Minuten goldbraun braten.
1 Apfel (Boskop) 2 EL Butter 40 g Schalottenwürfel 2 TL Curry ½ zerdrückte Knoblauchzehe 250 ml Geflügelfond 125 g Sahne Salz, schwarzer Pfeffer	Inzwischen den Apfel schälen, vierteln, Kerngehäuse, Stiel- und Blütenansatz entfernen und die Viertel in kleine Würfel schneiden. Die Butter in einem Topf erhitzen, die Schalotten darin glasig dünsten. Die Apfelwürfel, Curry und Knoblauch darin kurz mitdünsten. Geflügelfond und Sahne angießen. Die Sauce auf ein Drittel einkochen lassen. Anschließend durch ein feinmaschiges Sieb passieren und mit Salz sowie Pfeffer abschmecken.
3 EL kalte Butter 2 EL geschlagene Sahne	Die kalte Butter in die Sauce rühren, zum Schluß die Sahne unterheben. Alles mit dem Pürierstab schaumig aufschlagen. Das Hähnchen mit der Currysauce servieren. Dazu paßt Basmatireis mit Sesam.

geht schnell

4 Personen

Basmatireis mit Sesam

200 g Basmatireis Salz 1 EL weißer Sesam 1 EL schwarzer Sesam 3 EL Sesamöl 1 El feingehackte Korianderblättchen	Den Reis in 400 ml Salzwasser bißfest garen. Inzwischen den weißen und schwarzen Sesam in einer beschichteten Pfanne ohne Fett rösten. Wenn die Sesamkörner in der Pfanne zu springen beginnen, sie auf einen Teller geben und abkühlen lassen. Den Reis auf ein Sieb schütten und unter fließendem Wasser abschrecken. Gut abtropfen lassen. Den Reis in einer Pfanne im heißen Öl leicht anbraten. Den gerösteten Sesam und den Koriander mit dem Reis vermengen.

braucht Zeit

4 Personen

Gefüllte Maispoularde

1 altbackenes Brötchen
100 ml Milch
60 g Geflügelleber
40 g Schalottenwürfel
2 EL Butter
½ EL gehackte Petersilie

Das Brötchen entrinden und in Würfel schneiden und in der Milch einweichen. Die Geflügelleber waschen und trockentupfen. Anschließend in kleine Würfel schneiden. Diese zusammen mit den Schalottenwürfeln in einer Pfanne in der heißen Butter anbraten. Die Petersilie kurz mitdünsten. Dann das Ganze etwas abkühlen lassen.

1 Ei
Salz, weißer Pfeffer
gemahlene Muskatnuß
gemahlener Majoran
gemahlener Rosmarin
abgeriebene Schale von ¼ unbehandelten Zitrone

Die angebratenen Leber- und Schalottenwürfel mit den ausgedrückten Brötchenwürfeln und dem Ei verkneten. Diese Masse mit Salz, Pfeffer, Muskat, Majoran, Rosmarin und Zitronenschale würzen. Dann abgedeckt für etwa 10 Minuten kalt stellen.

1 küchenfertige Maispoularde (ca. 1,2 kg)
Salz, weißer Pfeffer

Inzwischen die Poularde innen und außen gründlich waschen und trockentupfen. Dann innen und außen mit Salz und Pfeffer einreiben. Den Backofen auf 180° C vorheizen.

Küchengarn

Die Leber-Schalotten-Füllung in einen Spritzbeutel mit Lochtülle geben. Die Haut der Maispoularde vom hinteren Teil der Brust vorsichtig lösen. Die Füllung langsam unter die Haut der Poulardenbrust spritzen. Anschließend die Poularde bridieren. Dazu das Küchengarn unter dem Rücken der Poularde auf der Höhe der Unterschenkel durchführen. Über der Bauchöffnung das Küchengarn kreuzen und kurz hinter den Gelenkknochen um die Unterschenkel schlingen. Das Garn seitlich zu den eingewickelten Flügeln führen, so daß sich die Garnenden treffen. Das Küchengarn anziehen und dann verknoten.

1 TL edelsüßes Paprikapulver
1 TL gemahlener Majoran
Bratschlauch
125 ml Geflügelbrühe

Die Poularde mit den Gewürzen einreiben. Sie in den Bratschlauch setzen. Die eine Seite des Bratschlauches verschließen. Die Brühe vorsichtig hineingießen. Den Bratschlauch sorgfältig verschließen. Mit einer Nadel in den oberen Teil des Bratschlauches einige Löcher stechen. Das Ganze auf ein kaltes Backblech legen, dieses in die untere Schiene des Ofens schieben. Die Poularde etwa 1 Stunde darin garen.

Salz
weißer Pfeffer
2 EL kalte Butter

Die gegarte Poularde aus dem Ofen nehmen. Etwa 10 Minuten ruhen lassen. In den Bratschlauch ein Loch schneiden und den Bratensaft in einem Topf auffangen. Die Poularde herausnehmen, das Küchengarn entfernen und tranchieren. Zunächst die Keulen und die Flügel abschneiden. Dann den Rumpf in 8 Teile schneiden. Das Fleisch warm stellen. Den Bratensaft etwas einkochen lassen und eventuell entfetten. Mit Salz und Pfeffer würzen. Die kalte Butter nach und nach einrühren.

braucht Zeit

4 Personen

Wildschweinkeule mit Quittensauce

1,5 kg küchenfertige Wildschweinkeule
2 l Buttermilch
10 Gewürznelken
1 EL schwarze Pfefferkörner
6 Lorbeerblätter
1 Thymianzweig
10 Wacholderbeeren

Die Wildschweinkeule waschen, trockentupfen und mit Küchengarn umwickeln, damit sie beim Braten die Form behält. Dann in eine große Schüssel legen. Gewürze und Kräuter hinzugeben und mit der Buttermilch auffüllen. Abgedeckt im Kühlschrank etwa 1 Tag marinieren.

5 Schalotten
150 g Karotten
2 Frühlingszwiebeln
1 kg Quitten

Die Schalotten schälen und fein würfeln. Die Karotten waschen, schälen und in mundgerechte Stücke schneiden. Die Frühlingszwiebeln putzen, waschen und in 3 cm lange Stücke schneiden. Die Quitten schälen, halbieren, von Kerngehäusen, Blüten- und Stielansätzen befreien und die Früchte in Spalten schneiden.

2 EL Öl
Salz, schwarzer Pfeffer
5 EL gehackte Petersilie
1 Thymianzweig
10 Pfefferkörner
6 Lorbeerblätter
1 EL Honig
1 EL Tomatenmark
150 ml Holunderbeersaft
150 ml Portwein
250 ml Rotwein
400 ml Wildfond

Den Backofen auf 180° C vorheizen. Die Wildschweinkeule aus der Marinade nehmen und sorgfältig trockentupfen. Dann in einem Bräter im heißen Öl kräftig anbraten. Mit Salz und Pfeffer würzen. Das vorbereitete Gemüse und die Quittenspalten dazugeben und mitandünsten. Ebenfalls die Kräuter und Gewürze sowie Honig und Tomatenmark kurz mitdünsten. Das Ganze mit Holunderbeersaft, Portwein, Rotwein und Wildfond auffüllen. Den Bräter mit einem Deckel verschließen und das Fleisch im Ofen auf unterer Schiene etwa 45 Minuten garen.

200 g Quitten
Salz

Inzwischen die Quitten schälen, halbieren, von Kerngehäusen, Blüten- und Stielansätzen befreien. Dann in ½ cm dicke Würfel schneiden. Diese in Salzwasser blanchieren.

Salz
schwarzer Pfeffer

Die Wildschweinkeule aus dem Ofen nehmen und warm stellen. Den Bratensaft durch ein feinmaschiges Sieb passieren. Nochmals in einem Topf einkochen lassen und mit Salz sowie Pfeffer abschmecken. Die Quittenwürfel hineingeben.
Das Küchengarn von der Wildschweinkeule lösen, den Braten aufschneiden und mit der Quittensauce servieren.
Dazu paßt Kartoffelpüree mit Pfifferlingsgemüse.

braucht Zeit
4 Personen

Rehragout mit Preiselbeeren

1 Rehschulter (ca. 1,5 kg)
2 rote Zwiebel
¼ Lauchstange
½ Sellerieknolle
1 Karotte

Die Rehschulter waschen und trockentupfen. Dann die Knochen auslösen, Sehnen und Häute wegschneiden und das Fleisch in Würfel schneiden. Die Zwiebeln schälen und in Streifen schneiden. Das Gemüse putzen, waschen und gegebenenfalls schälen. Dann in große Stücke schneiden.

2 Thymianzweige
1 Rosmarinzweig
10 zerdrückte Wacholderbeeren
10 schwarze Pfefferkörner
½ l Rotwein
Klarsichtfolie

Das Rehfleisch zusammen mit dem Gemüse in eine Schüssel geben. Kräuter, Gewürze und Rotwein dazufügen. Die Schüssel mit Klarsichtfolie abdecken und das Fleisch im Kühlschrank etwa 1 Tag marinieren.

3 EL Butterschmalz
½ l Wildfond
1 EL Speisestärke
2 EL Johannisbeergelee
Salz
schwarzer Pfeffer

Das eingelegte Rehfleisch auf einem Sieb über einem Topf abschütten, dabei den Rotweinfond auffangen. Das Fleisch aus dem Sieb herausnehmen und trockentupfen.
Das Butterschmalz in einem Topf erhitzen und die Fleischstücke darin anbraten. Das eingelegte Gemüse mit den Gewürzen kurz mitrösten. Mit dem Rotweinfond ablöschen und den Wildfond angießen.
Das Ganze im geschlossenen Topf etwa 1 Stunde schmoren. Das gegarte Fleisch mit einer Fleischgabel herausnehmen und beiseite stellen. Die Sauce auf die Hälfte einkochen lassen. Sie dann durch ein feinmaschiges Sieb passieren. Die Stärke mit etwas kaltem Wasser verrühren und die Sauce damit binden. Mit dem Johannisbeergelee, Salz und Pfeffer abschmecken. Die Fleischstücke kurz in der Sauce erwärmen.

3 EL Preiselbeeren (aus dem Glas)
2 EL geschlagene Sahne
Rosmarin zum Garnieren

Das Rehragout auf 4 Tellern verteilen. Mit Schlagsahne, Preiselbeeren und Rosmarin garnieren.
Dazu passen Spätzle.

Mein Tip

Preiselbeeren, auch unter den Namen Krons-, Kran-, Krausbeeren bekannt, sind eine echte Delikatesse. Die Beerenfrüchte des immergrünen, wildwachsenden Heidekrautgewächses sind im August reif. Ihren geschätzten herb-säuerlichen Geschmack entwickeln die scharlachroten Beeren erst durch die Zubereitung.

braucht Zeit

4 Personen

Heilbutt auf Gemüse und Makkaroni mit Champagnerschaum

Schale und Saft von 1 Limone
gemahlene Korianderbeeren
100 ml Champagner
4 EL Olivenöl

Limonenschale und -saft, gemahlenen Koriander, Champagner und Olivenöl in einer Schüssel gut vermischen.

4 Heilbuttfilets (à ca. 160 g)
Klarsichtfolie

Die Filets waschen, trockentupfen und in die Marinade geben. Die Schüssel mit Klarsichtfolie abdecken und das Ganze für etwa 2 Stunden kalt stellen.

3 EL Butter
100 g Schalottenwürfel
½ zerdrückte Knoblauchzehe
150 ml Fischfond
100 ml Champagner

Die Butter in einem Topf erhitzen. Die Schalotten und den Knoblauch darin glasig dünsten. Dann mit Fischfond und Champagner auffüllen und aufkochen lassen. Den Dämpfeinsatz einsetzen, die marinierten Heilbuttfilets darauf legen und den Topf mit einem Deckel schließen. Die Heilbuttfilets 6 bis 8 Minuten dämpfen. Danach herausnehmen und warm stellen. Den Kochsud auf ein Drittel einkochen lassen.

100 g Sahne
50 g kalte Butter

Die Sahne in den Fond einrühren und weiter einkochen lassen. Die Butter würfeln und mit Hilfe des Stabmixers aufschlagen, damit die Sauce sämig wird.

2 kleine Tomaten
1 EL feingehackter Estragon
2 EL geschlagene Sahne
6 EL Champagner
Salz, schwarzer Pfeffer

Die Tomaten über Kreuz einritzen, kurz überbrühen, abschrecken, enthäuten, vierteln, entkernen und von den Stengelansätzen befreien. Dann in Streifen schneiden. Den Estragon und die Tomaten in die Sauce geben. Zum Schluß die geschlagene Sahne unterheben und den Champagner einrühren. Die Sauce mit Salz und Pfeffer abschmecken.

2 EL Butter
200 g gekochte Makkaroni
120 g blanchierte Gemüsestreifen (Zuckerschoten, Karotten, junger Lauch)
Salz, schwarzer Pfeffer

Die Butter in einer Pfanne erhitzen. Die gekochten und abgetropften Makkaroni in der Butter schwenken. Das in Streifen geschnittene, blanchierte Gemüse zugeben. Alles vorsichtig miteinander vermengen und abschließend mit Salz und Pfeffer würzen.

Kerbel zum Garnieren

Die Makkaroni mit dem Gemüse portionsweise in die Mitte des Tellers geben, darauf je 1 Heilbuttfilet legen, mit der Sauce überziehen und mit Kerbel dekorieren.

braucht Zeit

4 Personen

Lachsforelle mit Orangennudeln und Estragonsauce

300 ml Orangensaft
abgeriebene Schale von 2 unbehandelten Orangen
100 g Mehl
100 g Hartweizengrieß
1 Ei
1 TL Salz
1 TL Olivenöl
Klarsichtfolie

Den Orangensaft mit der Schale auf die Menge von 2 Eßlöffeln einkochen. Diese dicke, zähflüssige Paste abkühlen lassen. Anschließend Mehl, Grieß, Ei, Salz, Olivenöl und Orangenpaste in der Küchenmaschine miteinander verkneten. Der Teig sollte sich vom Schüsselboden lösen. Ihn in Klarsichtfolie packen und für etwa 1 Stunde kalt stellen. Danach den Teig sehr dünn ausrollen und in feine Streifen schneiden. Die Nudeln in kochendem Salzwasser etwa 1 Minute kochen. Herausnehmen, abschrecken und abtropfen lassen. Warm halten.

1 TL Butter
4 Lachsforellenfilets (à ca. 200 g)
Salz
40 g Schalottenwürfel
100 ml Weißwein

Den Backofen auf 130° C vorheizen. Eine Auflaufform (20 cm Ø) mit der Butter ausfetten. Die Fischfilets in die Form setzen, salzen und mit den Schalottenwürfeln belegen. Den Weißwein angießen. Das Ganze im Ofen auf mittlerer Schiene 15 bis 20 Minuten pochieren.

40 g Schalottenwürfel
2 EL Butter
200 ml Weißwein
200 g Sahne

Die Schalotten in der Butter glasig dünsten. Mit dem Weißwein ablöschen und einkochen lassen. Die Sahne in die Sauce rühren und auf die Hälfte einkochen lassen.

1 Bund Estragon
Salz
Saft von ½ Limone
2 EL Vermouth

Die Estragonblätter von den Stielen abzupfen und grob schneiden. Die Weißweinsauce durch ein Sieb in einen Topf passieren. Mit Salz, Limonensaft und Vermouth abschmecken.

3 EL Sahne
Saft von 2 Orangen
Salz, schwarzer Pfeffer
1 Prise Zucker

Sahne und Orangensaft in einer hohen beschichteten Pfanne einkochen lassen und die Nudeln kurz darin schwenken. Salzen und pfeffern, dann mit Zucker abschmecken.

1 EL eiskalte Butter
2 EL geschlagene Sahne

Kurz vor dem Anrichten den Estragon in die Sauce rühren und mit der Butter aufschlagen. Zum Schluß die geschlagene Sahne darunterheben.

Estragon zum Garnieren
2 EL Tomatenwürfel

Je 1 Forellenfilet mit den Bandnudeln auf 4 Tellern anrichten. Die Estragonsauce auf den Fisch gießen und das Gericht mit Estragon und Tomatenwürfeln garnieren.

braucht Zeit

Gebratene Scholle mit Senfsabayon

4 Personen

4 küchenfertige Schollen (à ca. 400 g) Saft von 1 Zitrone Salz 3 EL Mehl	Die Schollen waschen und trockentupfen. Mit Zitronensaft beträufeln und salzen. In dem Mehl wenden und überschüssiges Mehl abklopfen.
300 g Kartoffeln 2 Kohlrabi (à ca. 200 g) 1 große Zwiebel 100 g durchwachsener Speck	Die Kartoffeln waschen und schälen. Den Kohlrabi putzen und schälen. Beides in feine Stifte schneiden. Die Zwiebel schälen und fein würfeln. Den Speck ebenfalls fein würfeln.
3 EL Öl Salz schwarzer Pfeffer	Das Öl in einer beschichteten Pfanne erhitzen. Die Schollen von beiden Seiten darin bei schwacher Hitze goldgelb braten. Dann salzen und pfeffern. Aus der Pfanne nehmen und warm stellen.
Salz schwarzer Pfeffer 1 EL gehackte Petersilie	In derselben Pfanne zuerst die Kartoffelstifte braten. Nach ungefähr 5 Minuten Kohlrabistifte, Zwiebel- und Speckwürfel dazugeben. Alles so lange braten, bis der Kohlrabi weich ist. Mit Salz und Pfeffer würzen. Zum Schluß die Petersilie darauf streuen.
4 Eigelb 100 ml Fischfond 100 ml Weißwein 60 g zimmerwarme Butter 1 EL grobkörniger Senf Salz, schwarzer Pfeffer	Für das Sabayon die Eigelbe mit dem Fischfond und dem Weißwein über einem warmen Wasserbad schaumig schlagen. Dann die Eigelbmasse vom Wasserbad nehmen, weiterschlagen und dabei Butter sowie Senf vorsichtig unterrühren. Das Ganze mit Salz und Pfeffer abschmecken.
Dill zum Garnieren	Die Kartoffel- und Gemüsestifte auf 4 Tellern verteilen. Je 1 Scholle auf das Gemüse legen. Mit dem Senfsabayon begießen und mit Dill garnieren.

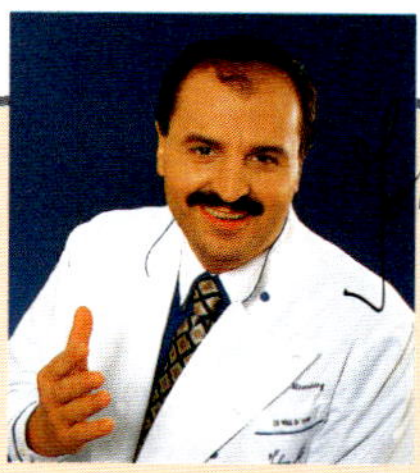

Mein Tip

Die Scholle ist sicherlich Deutschlands populärster Plattfisch. Dies beruht auf zwei Gründen: Ein Fisch ergibt eine gute Portion pro Person und er ist sehr kalorienarm.
Die ersten Schollen werden im Mai gefischt. Die Maischollen sind noch recht klein, aber besonders zart und schmackhaft.

Lachs im Blätterteig mit Sauce Hollandaise

braucht Zeit
4 Personen

100 g Zanderfilet, in Würfel geschnitten
200 g Spinat
4 Lachsfilet (á ca. 150 g)
Salz, schwarzer Pfeffer

Die Zanderstücke ins Tiefkühlfach stellen. Den Spinat putzen, gründlich waschen und verlesen. Ihn mit kochendem Wasser überbrühen. Sofort in kaltem Wasser abschrecken. Den Spinat auf einem Geschirrtuch abtropfen lassen. Die Spinatblätter zu 4 Rechtecken von etwa 10 x 20 cm Fläche ausbreiten. Die Lachsfilets mit Salz und Pfeffer würzen und darauf legen.

100 g Sahne
1 Eiweiß
2 EL Vermouth
Salz, schwarzer Pfeffer

Die leicht angefrorenen Zanderstücke mit Sahne, Eiweiß, Vermouth, Salz und Pfeffer im Mixer pürieren. Die Zanderfarce nun auf die Lachsfilets streichen. Dann mit den Spinatplatten umhüllen.

8 TK-Blätterteigplatten
2 Eigelb
Backpapier

Den Backofen auf 220° C vorheizen. Die Blätterteigplatten auf einer Arbeitsfläche ausbreiten und antauen lassen. Die Eigelbe verquirlen. Die Hälfte des Blätterteiges zu 4 dünnen Platten ausrollen, mit Eigelb bestreichen und die Spinat-Lachs-Päckchen darauf legen. Die anderen 4 Platten ebenfalls ausrollen. Auf die Päckchen legen und die Ränder fest andrücken. Mit einem Teigrädchen den überstehenden Blätterteig rundherum so abschneiden, daß die Lachspäckchen die Form eines Fisches erhalten. Mit einem kleinen, spitzen Messer Schuppen und Flossen zeichnen.

Ein Backblech mit Backpapier auslegen. Die Blätterteigfische darauf legen und den Teig mit dem restlichen Eigelb bestreichen. Im Ofen auf mittlerer Schiene etwa 15 Minuten backen.

1 Schalotte
2 EL Butter
100 ml Weißwein
2 Lorbeerblätter
½ TL weiße Pfefferkörner

Inzwischen die Schalotte schälen und in Ringe schneiden. Dann in einer Pfanne in der Butter glasig dünsten. Mit dem Weißwein ablöschen. Lorbeer und Pfefferkörner dazugeben und das Ganze etwas einkochen lassen. Anschließend durch ein feinmaschiges Sieb passieren.

3 Eigelb
60 g flüssige Butter
Saft von ½ Zitrone
weißer Pfeffer, Salz

Für die Sauce die Eigelbe mit dem Weinsud über einem warmen Wasserbad cremig aufschlagen. Die Schüssel vom Wasserbad nehmen und weiterschlagen. Die Butter nach und nach unter ständigem Rühren einlaufen lassen. Den Zitronensaft zugeben und die Sauce mit Pfeffer sowie Salz würzen.

Je 1 Blätterteigfisch auf 4 Tellern anrichten. Mit der Sauce Hollandaise servieren. Dazu passen junge Möhren und Zuckerschoten.

braucht Zeit

4 Personen

Couscous mit Poularden-Gemüse-Ragout

50 g Kichererbsen

Die Kichererbsen über Nacht in Wasser einweichen.

Salz
200 g Karotten
100 g Sellerie
½ Lauchstange
300 g Brokkoli
1 rote Paprikaschote, gewürfelt
2 Chilischoten

Die Kichererbsen in Salzwasser etwa 15 Minuten vorgaren. Dann auf ein Sieb gießen und abtropfen lassen. Die Karotten putzen, schälen und in Scheiben schneiden. Den Sellerie putzen, schälen und fein würfeln. Die Lauchstange putzen, waschen und in Ringe schneiden. Den Brokkoli putzen, waschen und in Röschen zerteilen. Die Paprikaschote putzen und fein würfeln. Die Chilischoten putzen und in feine Streifen schneiden.

400 g ausgelöste Poulardenbrust ohne Haut
4 Zwiebeln
3 EL Öl
1 EL Tomatenmark

Die Poulardenbrust waschen und sorgfältig trockentupfen. In 2 cm dicke Würfel schneiden. Die Zwiebeln schälen und fein würfeln. Das Öl in einem Topf erhitzen, darin das Fleisch und die Zwiebelwürfel anbraten. Das Tomatenmark dazugeben und leicht mitrösten.

Salz
500 ml Fleischbrühe
1 Lorbeerblatt
gemahlener Kreuzkümmel
schwarzer Pfeffer
250 g Couscous

Die Kichererbsen zusammen mit dem geputzten Gemüse zum Fleisch geben und kurz anbraten. Mit der Brühe ablöschen. Das Lorbeerblatt dazugeben. Das Ganze mit Kreuzkümmel, Salz und Pfeffer würzen. Auf diesen Topf einen Dämpfeinsatz setzen und ein feuchtes Geschirrtuch hineinlegen. Den Couscous auf einem Sieb mit Wasser abspülen und in den Dämpfeinsatz geben. Das Ganze zugedeckt 15 bis 20 Minuten garen.

Den Couscous auf 4 Tellern verteilen, in die Mitte eine Vertiefung drücken und das Poularden-Gemüse-Ragout hineinfüllen.

Mein Tip

Falls Sie keinen Dämpfeinsatz haben, können Sie Couscous im Mengenverhältnis 1 : 1½ mit Wasser aufsetzen. Sobald das Wasser kocht, stellen Sie die Kochplatte aus und lassen den Couscous ausquellen.

braucht Zeit

4 Personen

Wintereintopf mit Rosenkohl und Entenbrust

2 Entenbrüste (à 180 g)
1 EL Öl
Salz, schwarzer Pfeffer
500 g Rosenkohl

Die Entenbrüste waschen, trockentupfen, die Haut über Kreuz einschneiden und das Fleisch im Öl anbraten. Es dann mit Salz und Pfeffer würzen, herausnehmen und warm stellen. Den Rosenkohl waschen und putzen. Schöne Außenblätter ablösen und kurz in Salzwasser blanchieren.

1 Schalotte
2 EL Butter
300 g Kartoffeln
200 g Karotten
Salz, schwarzer Pfeffer
1 l Geflügelbrühe
3 Lorbeerblätter
3 Sternanis
5 Nelken
10 geschrotete Pfefferkörner

Die Schalotte schälen, in Ringe schneiden und in der Butter andünsten. Kartoffeln und Karotten schälen, waschen und in 1 cm große Würfel schneiden. Diese mit den Rosenkohlröschen zu den Schalottenringen geben. Mit Salz und Pfeffer abschmecken. Die Brühe dazugeben. Die Gewürze in ein Säckchen geben, es in die Suppe hängen und das Ganze etwa 10 Minuten garen. Dann die Entenbrust hinzufügen und das Ganze nochmals 10 Minuten zugedeckt garen.

150 g Entenhackfleisch
1 Ei
Salz, schwarzer Pfeffer
gemahlener Sternanis
2 EL Brotwürfel
1 El gehackte Korianderblätter

Das Hackfleisch mit Ei, Salz, Pfeffer sowie Sternanis gut vermischen. Die Brotwürfel und die Korianderblätter unterarbeiten. Aus der Masse mit leicht befeuchteten Händen kleine Klößchen formen. Diese in die blanchierten Rosenkohlblätter einwickeln und in den Eintopf geben. Alles bei milder Hitze nochmals etwa 15 Minuten kochen lassen.
Dazu paßt ein kräftiges Bauernbrot.

Mein Tip

Wenn frisches Gemüse eher rar ist, sorgt Rosenkohl für Abwechslung auf dem Speiseplan. Die Minikohlköpfchen, auch Sprossenkohl oder Brüsseler Kohl genannt, kommen nämlich in den Wintermonaten auf den Markt. Achten Sie beim Kauf auf feste Röschen mit knackigen grünen Blättern. Solche mit welken oder gar gelben Blättern sollten Sie liegenlassen, denn sie sind alt und schmecken leicht muffig. Damit die Rosenkohlröschen gleichmäßig garen, sollten Sie mit einem kleinen Messer die Strünke über Kreuz etwa $1/2$ cm tief einschneiden.

braucht Zeit

4 Personen

Gemüsegulasch mit Kräuter-Béchamel-Sauce und Brezelknödeln

5 altbackene Brezeln
100 g Schalottenwürfel
2 EL Butter
100 g Sahne
3 Eigelb, Salz
2 EL Zitronenthymianblättchen
gemahlene Muskatnuß

Die Brezeln in Würfel schneiden und in eine Schüssel geben. Die Schalotten in der Butter glasig dünsten und zu den Brezelwürfeln geben. Die Sahne erhitzen und auf die Brezelwürfel gießen. Die Eigelbe unter die Masse heben und mit Salz, Zitronenthymian und Muskat abschmecken. Das Ganze etwa 1 Stunde quellen lassen.

2 Schalotten
200 g Zucchini
100 g Karotten
200 g rote Paprikaschote
4 EL Olivenöl
2 Tomaten

Inzwischen die Schalotten schälen und feinwürfeln. Das Gemüse putzen und waschen. Karotten und Paprikaschote mit dem Sparschäler schälen. Alles in mundgerechte Stücke schneiden. Zuerst die Zwiebeln, dann das Gemüse im Olivenöl kurz andünsten.
Die Tomaten über Kreuz einritzen, kurz überbrühen, abschrecken, enthäuten, vierteln, entkernen und von den Stielansätzen befreien.

1 Eiweiß
1 Msp. Salz
Klarsichtfolie
Alufolie

Das Eiweiß mit dem Salz steifschlagen und unter die Brezelmasse heben. Sie erst in Klarsichtfolie und dann in Alufolie einwickeln. Die Folien nicht zu fest rollen, da die Brezelknödelmasse noch aufgeht. Mit einer Nadel durch die Folien stechen und die Knödelmasse im siedenden Salzwasser etwa 35 Minuten gar ziehen lassen. Herausnehmen, etwas ruhen lassen, auswickeln und in 12 Scheiben schneiden.

je 100 g blanchierte Blumenkohl- und blanchierte Brokkoliröschen
100 g blanchierte Zuckerschoten

Die blanchierten Blumenkohl- und Brokkoliröschen mit den Zuckerschoten zu dem gedünsteten Gemüse geben.

je 1 Thymian- und Rosmarinzweig
edelsüßes Paprikapulver
Salz, schwarzer Pfeffer
1 TL Honig

Die Kräuterzweige auf das Gemüse legen und alles mit Paprika, Salz und Pfeffer würzen. Dann die geviertelten Tomaten dazugeben. Das Ganze mit dem Honig beträufeln und im geschlossenen Topf bei sehr schwacher Hitze glasieren. Die Kräuterzweige vor dem Servieren herausnehmen.

1 EL frisch gemahlenes Vollkornmehl
1 EL Butter
400 ml heiße Milch

Das Vollkornmehl in einer beschichteten Pfanne ohne Fett rösten, bis es anfängt zu duften. Herausnehmen und abkühlen lassen. Die Butter in der Pfanne zerlassen und das Mehl darüberstäuben sowie verrühren. Mit der heißen Milch ablöschen. Dann mindestens 2 Minuten kochen lassen, damit die Sauce gebunden wird.

2 EL gehackte Petersilie
1 EL gehackter Kerbel
1 EL gehackter Estragon
Salz, Pfeffer
2 EL geschlagene Sahne

Die Béchamelsauce zum Schluß mit den gehackten Kräutern, Salz sowie Pfeffer abschmecken und die geschlagene Sahne unterheben.

2 EL Butter
Petersilie zum Garnieren

Die Butter in einer Pfanne erhitzen und die Brezelknödelscheiben darin goldgelb braten. Sie zusammen mit dem Gemüsegulasch und der Kräuter-Béchamel-Sauce auf 4 Tellern anrichten. Mit Petersilie garnieren.

braucht Zeit

4 Personen

Gemüse-Lamm-Eintopf mit Feta

3 Knoblauchzehen
4 Chilischoten
5 EL Olivenöl
800 g Lammgulasch (Schulter)
2 EL frische Thymianblättchen
½ EL frische Rosmarinnadeln
1 l Lammfond

Die Knoblauchzehen schälen und halbieren. Die Chilischoten waschen. Das Olivenöl in einem Bräter erhitzen. Beides kurz darin anbraten und wieder herausnehmen. Dann die Lammschulter bei starker Hitze rundum anbraten. Mit Thymian und Rosmarin würzen. Das Ganze mit Lammfond auffüllen und etwa 20 Minuten zugedeckt bei schwacher Hitze schmoren.

2 Kartoffeln
3 Zwiebeln
200 g Zucchini
1 Aubergine
200 g Brechbohnen
3 Tomaten

Den Backofen auf 150° C vorheizen. Die Kartoffeln schälen, waschen und grob würfeln. Die Zwiebeln schälen und in Streifen schneiden. Die Zucchini und Aubergine waschen, trockentupfen, von Stiel- und Blütenansatz befreien und in mundgerechte Stücke schneiden. Die Brechbohnen waschen, putzen und in 2 cm lange Stücke schneiden. Die Tomaten über Kreuz einritzen, kurz überbrühen, abschrecken, enthäuten, vierteln, entkernen und von den Stengelansätzen befreien. Die vorbereiteten Zutaten zum Fleisch geben. Den Eintopf mit geschlossenem Deckel für etwa 1 Stunde auf unterer Schiene im Ofen garen.

200 g Feta
schwarzer Pfeffer
Salz
3 EL gehackte glatte Petersilie

Kurz vor Ende der Garzeit den Schafskäse in 1 cm dicke Würfel schneiden. Den Eintopf aus dem Ofen nehmen und kräftig mit Salz und Pfeffer würzen. Die Schafskäsewürfel und die gehackte Petersilie darauf verteilen. Dazu paßt herzhaftes Fladenbrot.

Mein Tip

Aus dem Griechischen übersetzt heißt Feta einfach „Scheibe". In den Ländern des östlichen Mittelmeers ist er seit langem ein beliebtes Nahrungsmittel. Die Weichkäsespezialität wurde ursprünglich aus Schafsmilch oder einer Kombination von Schaf-, Ziegen- und Kuhmilch hergestellt. Heute finden Sie eher Feta auf Kuhmilchbasis. Sie sollten sich aber die Mühe machen, original griechischen oder bulgarischen Schafskäse einzukaufen, denn er hat einen viel intensiveren Geschmack und ist in Feinschmeckerkreisen höchst geschätzt.

WMF
GOURMET

cm (4¼")
Cr Mo V 15

Rhabarbersüppchen mit Rhabarberschaum

braucht Zeit

4 Personen

50 g Zucker
50 g Honig
150 ml Orangensaft
100 ml Weißwein
1 EL Zitronensaft

Zucker und Honig in einer Pfanne schmelzen. Mit Orangensaft, Weißwein und Zitronensaft ablöschen und um die Hälfte einkochen lassen.

1 EL Speisestärke
3 EL Orangensaft
250 g geschälte Rhabarberstücke
1 EL Grenadine

Die Stärke mit dem Orangensaft anrühren. Die Pfanne von der Herdplatte nehmen und die angerührte Stärke in die Suppe einrühren.
Die Rhabarberstücke dazugeben und kurz andünsten. Danach den Grenadine dazugeben und alles auskühlen lassen.

300 g geschälte Rhabarberstücke
3 EL Orangensaft
1 EL Weißwein
Saft von ½ Limone
2 EL Honig
¼ TL Zimtpulver

Rhabarberstücke, Orangensaft, Weißwein, Limonensaft, Honig und Zimt zusammen etwa 5 Minuten in einem Topf kochen. Im Mixer pürieren und abkühlen lassen.

6 Blatt weiße Gelatine
3 Eigelb
100 g Puderzucker
1 EL Orangenlikör
1 Msp. Zimtpulver

Die Gelatine für etwa 10 Minuten in kaltem Wasser einweichen und anschließend ausdrücken. Inzwischen die Eigelbe mit dem Puderzucker schaumig schlagen. Die Rhabarbermasse leicht erwärmen, die Gelatine darin unter Rühren auflösen und alles mit der Eigelb-Puderzucker-Creme verquirlen. Mit dem Orangenlikör und dem Zimt verfeinern. So lange kalt stellen, bis die Masse anfängt zu gelieren.

100 g Sahne
2 Eiweiß
2 EL Puderzucker

Die Sahne steifschlagen. Die Eiweiße mit dem Puderzucker ebenso steifschlagen. Beides vorsichtig unter die glattgerührte Masse heben. In 4 Formen (6 - 8 cm Ø) geben und erneut etwa 60 Minuten kalt stellen.

100 g Erdbeeren
Zitronenmelisse zum Garnieren

Die Rhabarbersuppe in 4 tiefe Teller geben. Die Formen mit dem Rhabarberschaum in warmes Wasser tauchen und den Rhabarberschaum stürzen. Den Rhabarberschaum jeweils in die Mitte der Suppe setzen und mit Erdbeeren und Zitronenmelisse garnieren.

braucht Zeit

6 Personen

Champagnerdessert mit Beeren und Champagnersabayon

100 g Sahne
1 P. Bourbon Vanillezucker
2 EL Puderzucker
350 g Beerenfrüchte (Himbeeren, Brombeeren, Erdbeeren, Johannisbeeren)

6 Champagnergläser gut kühlen. Die Sahne mit dem Vanillezucker und dem Puderzucker steifschlagen und die Champagnergläser damit füllen. Die Beeren waschen, putzen und gut abtropfen lassen. Dann auf die Sahne geben und das Ganze kalt stellen.

2 Blatt weiße Gelatine
300 ml Weißwein (aus der Champagne)
50 g Zucker
Saft und abgeriebene Schale von ½ Limone
Saft und abgeriebene Schale von ½ unbehandelten Orange
1 Sternanis
1 Gewürznelke
150 ml Champagner

Die Gelatine für etwa 10 Minuten in kaltem Wasser einweichen und anschließend ausdrücken. Weißwein, Zucker, Saft und Schale von Limone und Orange, Sternanis und Gewürznelke einmal zusammen aufkochen lassen. Die Gelatine unter Rühren darin auflösen. Das Ganze durch ein Sieb passieren und kalt stellen. Wenn die Masse leicht zu gelieren beginnt, den Champagner vorsichtig mit Hilfe einer Schöpfkelle unterziehen. Dann in die Gläser auf die Früchte geben und alles erneut kalt stellen.

200 ml Champagner
50 g Zucker
4 Eigelb
Saft von ½ Zitrone

Für das Sabayon Champagner, Zucker, Eigelbe und Zitronensaft zusammen über dem warmenWasserbad so lange schlagen, bis eine cremige Masse entsteht. Dann vom Wasserbad nehmen und weiterschlagen, bis das Sabayon nur noch ganz leicht warm ist. Es nun auf die gefüllten Gläser verteilen.

6 Erdbeeren
6 Pfefferminzzweige

Jedes Champagnerglas mit 1 Erdbeere und 1 Minzezweig garnieren. Sofort servieren.

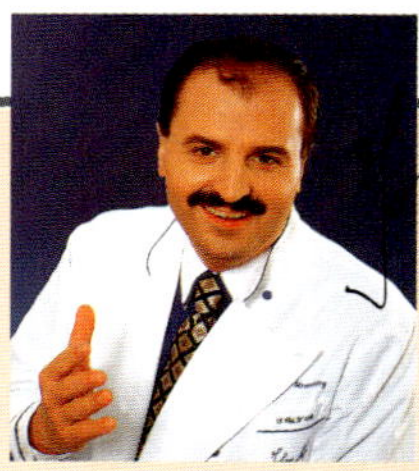

Mein Tip

Champagner, der edelste Tropfen an Schaumwein, darf ausschließlich aus 3 Rebsorten erzeugt werden, nämlich aus Pinot noir und Pinot meunier (blaue Trauben) sowie Chardonnay (weiße Traube). Die Bezeichnung „Champagner" ist nur dem berühmten Schaumwein aus der Champagne vorbehalten. Er soll bei etwa 10° C bis maximal 15° C im Dunkeln und liegend gelagert werden. Die beste Trink- bzw. Serviertemperatur liegt bei 6° C bis 9° C.

braucht Zeit
4 Personen

Orangenflan mit eingelegten Orangen

4 Orangen

Die Schalen der Orangen von der Stiel- und Blütenseite abschneiden, bis das Fruchtfleisch zu sehen ist. Dann die Schale dicht am Fruchtfleisch entlang abschneiden, so daß die weiße Haut mit entfernt wird. Die Orangen in ein großes verschließbares Glas geben.

80 g Zucker
1 Kardamonkapsel
3 Nelken
2 Sternanis
½ Zimtstange
Mark von ½ Vanilleschote
abgeriebene Schale von ½ unbehandelten Orange
abgeriebene Schale von 1 unbehandelten Zitrone
60 g Honig

Den Zucker in 125 ml Wasser aufkochen. Kardamonkapsel, Nelken, Sternanis, Zimtstange, Vanillemark, Orangen- und Zitronenschale dazugeben. Den Honig zum Schluß zum Läuterzucker fügen und gut auflösen. Das Ganze aufkochen, dann auskühlen lassen.

2 EL Grenadine
2 EL Orangenlikör
2 EL Cognac

Grenadine, Orangenlikör und Cognac unter den abgekühlten Läuterzucker geben. Das Ganze über die Orangen ins Glas geben und etwa 5 Tage verschlossen kalt stellen.

1 TL Butter
70 g Zucker

4 Portionsförmchen (8 cm lang) mit Butter ausfetten. Den Zucker in einer beschichteten Pfanne nach und nach zu Karamel schmelzen lassen und gleichmäßig auf die Förmchen verteilen. Das Karamel darf nicht dunkel sein, sonst schmeckt es bitter.

150 ml Milch
abgeriebene Schale von ½ unbehandelten Orange
Mark von ½ Vanilleschote
4 Eigelb
40 g Zucker
2 EL Orangenlikör

Den Backofen auf 200° C vorheizen. Die Milch mit Orangenschale und Vanillemark aufkochen. Etwas abkühlen lassen. Die Eigelbe mit dem Zucker auf dem heißen Wasserbad schaumig schlagen. Die noch warme Milch dazugeben und das Ganze so lange schlagen, bis die Masse dickflüssig wird. Das Ganze durch ein Sieb passieren, leicht abkühlen lassen und mit Orangenlikör abschmecken.

Alufolie

Die Eiermilch in die Förmchen füllen. Diese mit Alufolie abdecken und in die Folie mit einem spitzen Messer Löcher stechen, damit der Wasserdampf entweichen kann. Die abgedeckten Förmchen in eine große feuerfeste Form mit etwas Wasser stellen. Im Ofen auf mittlerer Schiene etwa 45 Minuten stocken lassen. Erkalten lassen und stürzen.
Die eingelegten Orangen dann in Scheiben schneiden und zum Orangenflan geben.

braucht Zeit

Griessflammeri mit Beerenfrüchten

6 Personen

250 ml Milch
60 g Zucker
abgeriebene Schale von ½ unbehandelten Orange
abgeriebene Schale von ½ unbehandelten Zitrone
Mark von 1 Vanilleschote
40 g Hartweizengrieß

Milch und Zucker in einem Topf erhitzen. Orangenschale, Zitronenschale und Vanillemark dazugeben. Den Grieß in die Milch einrühren und kurz mitkochen lassen. Danach vom Herd nehmen und ausquellen lassen.

2 Blatt weiße Gelatine

Die Gelatine für etwa 10 Minuten in kaltem Wasser einweichen und anschließend ausdrücken. Sie in der noch warmen Grießmasse unter Rühren auflösen.

250 g geschlagene Sahne
1 steifgeschlagenes Eiweiß

Sahne und Eischnee vorsichtig unter die leicht abgekühlte Grießmasse heben. Das Ganze in 6 Kuppeln (6,5 cm Ø) geben und kalt stellen.

1 EL Honig
40 g Zucker
abgeriebene Schale von ½ unbehandelten Zitrone
abgeriebene Schale von ½ unbehandelten Orange
1 TL Zimtpulver

Honig und Zucker in einer beschichteten Pfanne erhitzen und zu hellem Karamel schmelzen lassen. Zitronen- und Orangenschale sowie Zimt dazugeben.

100 ml Rotwein
150 ml schwarzer Johannisbeersaft
Saft von 1 Zitrone
Saft von 1 Orange
1 EL Speisestärke

Rotwein, 100 ml Johannisbeersaft, Orangen- und Zitronensaft angießen und etwas einkochen lassen. Die Stärke mit den restlichen 50 ml Johannisbeersaft verrühren und den Sud damit binden.

100 g Brombeeren
100 g Himbeeren
100 g Erdbeeren
100 g Heidelbeeren
Zitronenmelisse
Puderzucker

Die Beeren eventuell waschen, verlesen, in den Sud geben und kurz mitschwenken. Die Kuppeln mit dem Grießflammerie kurz in warmes Wasser tauchen. Je 1 Grießflammerie auf 1 Teller stürzen und mit den Beerenfrüchten anrichten. Mit Zitronenmelisse und Puderzucker garnieren.

geht schnell
4 Personen

Quarkauflauf mit exotischen Früchten

4 Eigelb
50 g Puderzucker
abgeriebene Schale von 1 unbehandelten Zitrone
Mark von 1 Vanilleschote
250 g Magerquark

Die Eigelbe mit dem Puderzucker schaumig schlagen. Die Zitronenschale und das Vanillemark dazugeben. Den Quark in einem sauberen Geschirrtuch ausdrücken und unterrühren.

4 Eiweiß
40 g Zucker

Den Backofen auf 180° C vorheizen. Die Eiweiße mit dem Zucker steifschlagen. Die Hälfte des Eischnees unter die Quarkmasse rühren und den Rest vorsichtig unterheben.

1 TL Butter
80 g gehackte, geschälte Pecannüsse

Eine feuerfeste Form mit der Butter ausfetten. Die Nüsse in einer beschichteten Pfanne ohne Fettzugabe goldgelb rösten und in die Form streuen.

200 g geputztes, geschältes exotisches Obst (z. B. Nashi, Rambutan, Kaktusfeige, Physalis, Mango, Papaya, Babyananas, Karambole)

Die Quarkmasse auf die Nüsse geben. Das Obst in mundgerechte Stücke schneiden und die Quarkmasse damit belegen. Das Ganze etwa 15 Minuten auf mittlerer Schiene backen.
Dazu paßt Mangosauce.

geht schnell
4 Personen

Mangosauce

100 g Zucker
2 Sternanis
4 Gewürznelken
1 Zimtstange
abgeriebene Schale von 1 unbehandelten Orange

Den Zucker mit 100 ml Wasser aufkochen lassen. Sternanis, Nelken, Zimtstange und Orangenschale dazugeben und die Flüssigkeit offen zur Hälfte einkochen. Anschließend durch ein feines Sieb gießen.

1 große Mango

Die Mango schälen, das Fruchtfleisch vom Stein schneiden und in kleine Stücke schneiden. Das Fruchtfleisch zusammen mit dem Zuckersirup im Mixer fein pürieren.

braucht Zeit

4 Personen

Kaiserschmarrn mit Gewürzbirnen

500 ml Weißwein (trocken)
150 g Zucker
abgeriebene Schale von je ½ unbehandelten Orange und Zitrone
Saft von ½ Zitrone
1 Zimtstange
4 Sternanis
10 Gewürznelken
1 Vanilleschote

Alle Zutaten mit 500 ml Wasser in einen Topf geben und aufkochen lassen.

5 Birnen

Die Birnen schälen und mit einem Kugelausstecher die Kerngehäuse entfernen. Dann die Birnen in die kochende Flüssigkeit geben und das Ganze einmal aufkochen lassen. Alles heiß in ein Einmachglas geben und an einem kühlen Ort 3 Tage ziehen lassen.

2 EL flüssige Butter
100 ml Milch
60 g Mehl
50 g Zucker
½ TL Vanillezucker
abgeriebene Schale von ¼ unbehandelten Zitrone
1 Prise Salz
4 Eier
40 g Walnußkerne

Butter, Milch, Mehl, Zucker, Vanillezucker, Zitronenschale und Salz gut miteinander verrühren. Dann die Eier dazugeben und alles nochmals glattrühren. Die Walnüsse grob hacken und dazugeben. Den Teig etwa 15 Minuten quellen lassen.

3 EL Rosinen
3 EL Rum

Die Rosinen mit dem Rum in einem Topf aufkochen, abkühlen lassen und unter den Teig rühren.

2 EL Butter

Die Butter in einer beschichteten Pfanne heiß werden lassen. Den Teig hineingeben, die Pfanne mit einem Deckel verschließen und den Teig stocken lassen. Ihn dann mit einem Pfannenwender umdrehen und von der anderen Seite backen. Anschließend mit zwei Gabeln in Stücke zerreißen.

Puderzucker
Zitronenmelisse

Den Kaiserschmarrn mit den Gewürzbirnen auf 4 Tellern anrichten. Mit Puderzucker bestreuen und mit Zitronenmelisse dekorieren.

braucht Zeit
4 Personen

Erdbeeren in Krokantblätterteig

4 Platten TK-Blätterteig	Den Backofen auf 240° C vorheizen. Den Blätterteig antauen. Auf ein mit Wasser befeuchtetes Backblech geben und mit einem Backgitter beschweren, damit der Teig nicht zu stark aufgeht. Im Backofen auf mittlerer Schiene etwa 15 Minuten backen. Anschließend die Böden vom Blech nehmen, auskühlen lassen und in 8 Rechtecke (5 x 10 cm) schneiden.
100 g Puderzucker	Die Blätterteigrechtecke mit Puderzucker dick bestreuen und unter dem Grill in 3 bis 4 Minuten goldgelb karamelisieren lassen. Die Blätterteigrechtecke erneut auskühlen lassen. Die Unterseite der Blätterteigrechtecke ebenso karamelisieren.
100 g Sahne ***3 EL Zucker*** ***3 Eigelb*** ***2 Blatt weiße Gelatine***	Die Sahne mit dem Zucker aufkochen und etwas abkühlen lassen. Die Eigelbe miteinander verrühren, dann zur noch warmen Sahne geben und das Ganze zu einer cremigen Masse schlagen. Anschließend durch ein Haarsieb passieren. Die Gelatine für etwa 10 Minuten in kaltem Wasser einweichen und ausdrücken. Anschließend in der warmen Creme unter Rühren auflösen. Die Masse so lange kalt stellen, bis sie anfängt zu gelieren.
100 g Sahne ***1 TL Zitronensaft*** ***2 EL Orangenlikör***	Die Sahne steifschlagen. Orangenlikör und Zitronensaft unterrühren und die Sahne unter die Eigelbmasse heben.
400 g Erdbeeren ***100 g Erdbeerpürée*** ***100 ml Vanillesauce*** ***Zitronenmelisse*** ***Puderzucker***	Zum Anrichten jeweils ein Blätterteigrechteck in die Mitte des Tellers legen, etwas von der Creme darauf geben. Die Erdbeeren waschen, abtropfen lassen und putzen. Sie vorsichtig in die Creme drücken. Die restliche Creme darauf geben und ein zweites karamelisiertes Blätterteigrechteck darauf setzen. Den Teller mit Vanillesauce, Erdbeerpürée, Zitronenminze und Puderzucker garnieren.

braucht Zeit
6 Personen

Sektschaumschnitte mit Grapefruitsalat

Backpapier
80 g Zucker
3 Eigelb
abgeriebene Schale von 1 unbehandelten Zitrone
3 Eiweiß
50 g Zucker

Ein Blech mit Backpapier auslegen. Den Backofen auf 180° C vorheizen. 3 Eßlöffel Wasser, Zucker, Eigelb und Zitronenschale auf dem heißen Wasserbad zu einer cremigen Masse aufschlagen. Die Eiweiße steifschlagen, dabei den Zucker nach und nach dazugeben.

50 g Speisestärke
80 g Mehl

Die Stärke und das Mehl sieben und vorsichtig unter die Eigelbcreme rühren. Dann den Eischnee vorsichtig unterheben.

1 EL Kakaopulver

Das Kakaopulver mit 1 Eßlöffel Wasser glattrühren. 3 Eßlöffel von der Biskuitmasse abnehmen und mit der Kakaomasse vermischen. Die Kakao-Biskuit-Masse in einen Spritzbeutel mit Lochtülle füllen. Die weiße Biskuitmasse auf das mit Backpapier ausgelegte Blech streichen und die Kakaomasse als kleine Tupfen darauf spritzen. Die Tupfen mit einem Schaschlikspieß von oben nach unten durchziehen, so daß Herzchen entstehen. Im Backofen auf mittlerer Schiene 10 bis 12 Minuten backen. Den Biskuit stürzen, auskühlen lassen, dann das Backpapier abziehen und die Biskuitplatte halbieren. Anschließend die eine Hälfte in eine Form (ca. 15 x 25 cm) geben.

1 Blatt weiße Gelatine
5 Eigelb
70 g Zucker
Saft von 1 Limone
150 ml Sekt

Die Gelatine für etwa 10 Minuten in kaltem Wasser einweichen und anschließend ausdrücken. Die Eigelbe mit Zucker, Limonensaft und Sekt über dem heißen Wasserbad cremig schlagen. Die Eigelbmasse vom Wasserbad nehmen und die Gelatine darin unter Rühren auflösen. Das Ganze so lange kalt stellen, bis die Masse anfängt zu gelieren.

2 Eiweiß
70 g Zucker
300 g Sahne
150 ml Sekt
Klarsichtfolie

Die Eiweiße steifschlagen, dabei nach und nach den Zucker dazugeben. Anschließend die Sahne ebenfalls steifschlagen. Eischnee, Sahne und Sekt vorsichtig unter die Masse heben. Diese auf den Biskuitboden in der Form geben und den zweiten Biskuitboden darauflegen. Die Form mit Klarsichtfolie abdecken und etwa 3 Stunden kalt stellen. Anschließend in 6 Portionen schneiden.

1 rosa Grapefruit
1 gelbe Grapefruit
abgeriebene Schale von 1 Limone
2 EL weißer Portwein
Zitronenmelisse
1 EL gehackte Pistazien
Schalenstreifen von ¼ Limone

Die Grapefruits schälen, filetieren und mit der Limonenschale und dem Portwein marinieren. 1 Sektschaumschnitte auf einen Teller geben und diese mit Zitronenmelisse und einigen Limonenschalenstreifen garnieren. Den Grapefruitsalat ebenfalls auf dem Teller anrichten. Mit Pistazien und den restlichen Limonenschalenstreifen garnieren.

braucht Zeit

Biskuitrolle mit Himbeer-Sahne-Creme

8 Stücke

3 Eigelb
2 EL Zucker
abgeriebene Schale von 1 unbehandelten Zitrone

Die Eigelbe mit dem Zucker und der Zitronenschale schaumig schlagen, bis eine weiße, cremige Masse entsteht. Den Backofen auf 200° C vorheizen.

3 Eiweiß
2 EL Zucker
Prise Salz
2 EL Mehl
2 EL Speisestärke
50 g flüssige Butter
Backpapier

In einer zweiten Schüssel die Eiweiße mit Zucker und Salz steifschlagen. Dann ein Drittel des Eischnees unter die Eigelbmasse heben. Mehl und Stärke sieben. Beides zur Eigelbmasse geben und vorsichtig unterrühren. Dann den Eischnee und die flüssige, abgekühlte Butter ebenfalls vorsichtig einrühren. Ein Backblech mit Backpapier belegen und die Biskuitmasse dünn und gleichmäßig darauf streichen. Im Backofen auf mittlerer Schiene 5 bis 7 Minuten goldbraun backen. Den Boden auf ein Kuchengitter mit Geschirrtuch stürzen und das Backpapier abziehen.

200 g TK-Himbeeren
60 g Zucker
2 Eigelb
1 EL Zitronensaft
1 EL Orangensaft
4 Blatt weiße Gelatine
2 EL Himbeergeist
250 g geschlagene Sahne

Die Himbeeren antauen lassen. Zucker, Eigelbe, Zitronen- und Orangensaft auf dem heißen Wasserbad schaumig schlagen. Die Gelatine für etwa 10 Minuten in kaltem Wasser einweichen und anschließend ausdrücken. Die Eigelbcreme aus dem Wasserbad nehmen, die Gelatine darin unter Rühren auflösen. Die Masse kalt schlagen. Die angetauten Himbeeren mit dem Himbeergeist zusammen unter die geschlagene Sahne heben. Die Himbeer-Sahne-Creme auf den Biskuitboden geben und gleichmäßig verstreichen. Den Biskuit mit Hilfe des Geschirrtuches zu einer Rolle aufwickeln und kalt stellen.

Puderzucker
Schlagsahne
100 g frische Himbeeren
Pfefferminze

Den Bisquit kurz vor dem Servieren mit Puderzucker bestreuen. In Scheiben schneiden. Mit Schlagsahne, frischen Himbeeren, Pfefferminze und Puderzucker garnieren.

Johann Lafer

Mein Tip

Gelatine bindet Wasser und sorgt dafür, daß süße, aber auch pikante Speisen schnittfest werden. Sie wird in Blatt- oder Pulverform angeboten. Beachten Sie, daß die Gelatine nicht zu stark erhitzt wird, da sich ansonsten Ihre Gelierkraft verringert. Um ein gelatinehaltiges Gericht aus der Form zu nehmen, tauchen Sie die Form kurz in warmes Wasser. Dadurch lösen sich die Randschichten des Gelees, und das Ganze läßt sich problemlos auf eine Platte oder einen Teller stürzen.

braucht Zeit

Apfelstrudel

8 Stücke

1 kg Äpfel (z. B. Boskop)
Saft von 1 Zitrone
100 g Zucker
2 EL Calvados
3 EL Rum
100 g Semmelbrösel
60 g Rosinen
60 g Mandelblättchen

Die Äpfel schälen, entkernen und in 1 bis 2 cm große Würfel schneiden. Die Äpfel mit Zitronensaft, Zucker, Calvados, Rum, Semmelbröseln, Rosinen und Mandelblättern vermischen und gut durchziehen lassen.

250 g Mehl
1 Prise Salz
2 EL Öl
Klarsichtfolie

Das Mehl mit 125 ml lauwarmen Wasser, Salz und Öl mischen und zu einem elastischen Teig verkneten. Dann zu einer Kugel formen, diese mit etwas Öl bestreichen, in Klarsichtfolie einwickeln und 1 bis 2 Stunden bei Zimmertemperatur ruhen lassen.

Den Backofen auf 200° C vorheizen. Ein Küchentuch mit Mehl bestäuben. Den Teig darauf legen und mit einem Nudelholz dünn ausrollen. Dann den Teig mit bemehlten Händen ausziehen, ihn dabei über die Handrücken ziehen, bis er hauchdünn ist.

70 g Butter
4 EL Semmelbrösel
2 EL Zucker

Die Butter in einem Topf erwärmen. Den ausgezogenen Strudelteig damit bestreichen. Anschließend mit Semmelbröseln und Zucker bestreuen. Die marinierten Äpfel als dicke Streifen auf eine längere Seite des Teiges geben. Dabei einen 5 cm breiten Rand freilassen. Diesen Rand umschlagen. Den gefüllten Strudelteig durch Anheben des Kuchentuches aufrollen. Die Nähte des Strudelteiges gut andrücken.

2 EL Butter

Die Butter in einem Topf erwärmen. Mit einem Teil davon das Blech ausfetten. Den Strudel darauf geben und mit Butter bestreichen. Im Ofen auf mittlerer Schiene etwa 20 Minuten backen.

2 EL Puderzucker

Den Strudel einige Minuten abkühlen lassen und dann mit Puderzucker bestreuen.

braucht Zeit

12 Stücke

Nusspotizze mit Orangensabayon

125 ml Milch
2 EL Zucker
50 g Mehl
¼ Hefewürfel
Klarsichtfolie

Die Milch erwärmen. Sie anschließend mit Zucker, Mehl und zerbröselter Hefe verrühren. Mit Klarsichtfolie abdecken und an einem warmen Ort etwa 15 Minuten gehen lassen.

250 g Mehl
1 Eigelb
abgeriebene Schale von ½ unbehandelten Zitrone
Salz
1 EL Rum
40 g zimmerwarme Butter
Klarsichtfolie

Das Mehl sieben. Mit Eigelb, Zitronenschale, Salz und Rum zum Vorteig geben. Alles zu einem glatten Teig verkneten. Anschließend die zimmerwarme Butter unterkneten. Das Ganze mit Klarsichtfolie abdecken und an einem warmen Ort erneut gehen lassen, bis der Teig sein Volumen verdoppelt hat.

etwas Mehl
200 g in Scheiben geschnittene Marzipanrohmasse

Den Teig auf einer bemehlten Arbeitsfläche zu einem Rechteck (40 x 40 cm) ausrollen und mit den Marzipanscheiben belegen.

30 g frisches Weißbrot (ohne Rinde)
70 g Butter
2 EL Kastanienhonig
150 g gemahlene Walnüsse
abgeriebene Schale von 1 unbehandelten Orange
2 EL Rum

Das Weißbrot fein reiben. Die Butter in einer Pfanne erwärmen. Honig, Walnüsse, Orangenschale, Rum und Weißbrotbrösel dazugeben und alles leicht bräunen. Die Nußmischung etwas abkühlen lassen. Sie dann auf die Marzipanscheiben streichen. Den Hefeteig aufrollen. Die Nähte andrücken.

2 EL Butter
Klarsichtfolie

Eine Backform (40 x 30 cm) gut ausfetten, die Rolle quer halbieren, einsetzen, mit Klarsichtfolie abdecken und nochmals an einem warmen Ort etwa 30 Minuten gehen lassen. Den Backofen auf 180° C vorheizen.

2 Eigelb
3 EL Sahne

Die Eigelbe mit der Sahne verquirlen. Die Hefe-Nuß-Rolle damit bestreichen. Im vorgeheizten Backofen auf mittlerer Schiene etwa 35 Minuten backen.

Saft von 2 Orangen
Saft von 1 Zitrone
abgeriebene Schale von 1 unbehandelten Orange
80 g Zucker
3 Eigelb
2 EL Orangenlikör

Den Orangen- und Zitronensaft mit Orangenschale, Zucker und Eigelben auf dem heißen Wasserbad schaumig schlagen. Vom Wasserbad nehmen und weiterschlagen bis die Masse cremig wird. Den Sabayon mit dem Orangenlikör verfeinern. Die Hefe-Nuß-Rolle in Scheiben schneiden und mit der Orangensabayon servieren.

geht schnell
12 Stücke

Rührkuchen mit glasierten Birnen

700 g Birnen
Saft von 1 Zitrone
1 EL Honig
Mark von 1 Vanilleschote

Die Birnen schälen, vierteln und die Kerngehäuse herausschneiden. Die Birnen etwas fächerartig einschneiden und mit Zitronensaft beträufeln. Den Honig mit dem Vanillemark in einer Pfanne erwärmen und die Birnen darin glasieren.

150 g Butter
1 Prise Salz
1 Päckchen Vanillezucker
abgeriebene Schale von 1 unbehandelten Orange
3 Eier
3 EL Milch
85 g Zucker

Den Backofen auf 170° C vorheizen. Die Butter mit Salz, Vanillezucker und Orangenschale schaumig rühren. Nach und nach Eier, Milch und Zucker hinzufügen.

150 g Mehl
30 g Speisestärke
1 gehäufter TL Backpulver
1 TL gemahlener Ingwer
50 g grob geriebene Zartbitterkuvertüre

Das Mehl mit Stärke, Backpulver und Ingwer mischen, auf die Masse sieben und alles gut verrühren. Zum Schluß die geriebene Kuvertüre unterheben.

2 EL Butter
3 EL Semmelbrösel
Alufolie

Eine Springform (24 cm Ø) mit der Butter ausfetten und mit den Semmelbröseln bestreuen. Den Rührteig hineingeben. Die Birnen, mit den Innenseiten nach unten, kreisförmig in den Rührteig setzen. Im Backofen auf unterer Schiene etwa 50 Minuten backen. Nach 30 Minuten der Backzeit die Form mit Alufolie abdecken.

2 EL Butter
2 EL Honig
2 EL Birnengelee
2 EL Birnenschnaps

Butter, Honig und Gelee zusammen in einem Topf leicht erwärmen und glattrühren. Den Birnenschnaps unter die lauwarme Masse geben, dann verrühren. Den noch warmen Kuchen mit der Birnengeleemasse überziehen, diese einziehen lassen und dann den Kuchen aus der Backform nehmen.
Servieren Sie dazu Mandellikörsahne.

geht schnell
6 Personen

Mandellikörsahne

200 g Sahne
1 Päckchen Vanillezucker
3 EL gebräunte Mandelblättchen
2 EL Amaretto

Die Sahne halbsteif schlagen, den Vanillezucker dazugeben und etwas weiterschlagen. Die Mandelblättchen unterheben. Die Mandelsahne mit dem Amaretto verfeinern und zum Kuchen reichen.

VALRHONA

braucht Zeit
8 Stücke

Zitronenkuchen mit gratinierter Baiserhaube

400 g TK-Blätterteig
1 TL Mehl
1 TL Butter

Den Backofen auf 180° C vorheizen. Den Blätterteig antauen lassen und auf einer bemehlten Arbeitsfläche dünn ausrollen. Den Boden einer Springform (26 cm Ø) auf den ausgerollten Blätterteig legen und diesen etwa 5 cm größer als den Springformboden ausschneiden. Den Springformboden mit dem Springformrand umfassen. Die Form mit kaltem Wasser ausspülen. Den Rand der Form mit Butter ausfetten. Den Teig in die Form legen und am Rand andrücken.

Backpapier
200 g getrocknete Erbsen (zum Blindbacken)

Den Blätterteig am Boden mit einer Gabel einstechen. Mit dem Backpapier belegen, darauf die Erbsen geben. Das Ganze im Backofen auf mittlerer Schiene 12 bis 15 Minuten backen. Danach herausnehmen und auskühlen lassen.

6 Blatt weiße Gelatine
4 Eigelb
200 g Zucker
abgeriebene Schale und Saft von 3 unbehandelten Zitronen
100 g gehackte weiße Kuvertüre

Die Gelatine für etwa 10 Minuten in kaltem Wasser einweichen und anschließend ausdrücken. Die Eigelbe mit Zucker, Zitronenschale- und -saft auf dem heißen Wasserbad schaumig aufschlagen, bis die Masse cremig ist. Die Kuvertüre auf dem heißen Wasserbad auflösen. Die Gelatine und die Kuvertüre in die Eigelbmasse geben und verquirlen. Die Masse auf den ausgekühlten Blätterteig geben. Das Ganze kalt stellen und die Zitronencreme gelieren lassen.

4 Eiweiß
120 g Zucker
abgeriebene Schale von 1 unbehandelten Zitrone
Mark von 1 Vanilleschote
1 Prise Salz

Die Eiweiße mit Zucker, Zitronenschale, Vanillemark und Salz steifschlagen. Den Eischnee in einen Spritzbeutel mit Lochtülle füllen. Ihn von innen nach außen spiralförmig auf die Zitronencreme spritzen.

50 g gehackte Zartbitterkuvertüre

Die Kuvertüre auf dem heißen Wasserbad auflösen. Sie dann in ein spitz zulaufendes Papiertütchen geben. Die Kuvertüre spiralförmig auf die Baisermasse spritzen. Anschließend mit einem Holzspieß von der Mitte zum Rand Linien durch die Creme ziehen. Die verzierte Torte unter dem vorgeheizten Backofengrill 2 bis 4 Minuten überbacken.

braucht Zeit
12 Stücke

Schokorehrücken

140 g Butter
160 g Puderzucker
abgeriebene Schale von 1/2 unbehandelten Orange
abgeriebene Schale von 1/2 unbehandelten Zitrone
1 TL Rum
120 g Zartbitterkuvertüre
7 Eigelb

Den Backofen auf 180° C vorheizen. Die Butter mit Puderzucker, Orangenschale, Zitronenschale und Rum schaumig rühren. Die Bitterschokolade auf dem heißen Wasserbad auflösen, etwas abkühlen lassen. Sie dann vorsichtig mit der Buttercreme verrühren. Die Eigelbe verrühren und unter die Buttercreme rühren.

7 Eiweiß
2 EL Vanillezucker
60 g Biskuitboden
120 g geschälte, gemahlene Mandeln

Die Eiweiße mit dem Vanillezucker steifschlagen. Den Biskuit fein reiben. Die Mandeln in einer beschichteten Pfanne goldbraun rösten und anschließend auskühlen lassen. Sie zusammen mit den Weißbrotbröseln vorsichtig unter die Schokoladenmasse rühren. Zuletzt den Eischnee unter die Masse heben.

2 EL Butter
1 EL Mehl

Eine Rehrückenform (25 cm lang) mit Butter ausfetten, mit Mehl ausstäuben und den Teig einfüllen. Im Backofen auf mittlerer Schiene etwa 30 Minuten backen. Danach sofort aus der Form stürzen und auskühlen lassen. Den Schokorücken in der Mitte horizontal durchschneiden.

100 g Aprikosenmarmelade

Die Aprikosenmarmelade streichfähig rühren. Die Schnittflächen des Rehrückens damit bestreichen. Das obere Stück wieder auf das untere setzen und den Rehrücken etwa 30 Minuten kalt stellen.

50 g Zucker
Mark von 1 Vanilleschote
1 TL Rum

Den Zucker zusammen mit 4 Eßlöffeln Wasser und dem Vanillemark aufkochen und auskühlen lassen. Anschließend den Rum hinzugeben. Den Rehrücken damit beträufeln und erneut etwa 30 Minuten kalt stellen.

50 g Mandelstifte
200 g Zartbitterschokoladenglasur

Die Mandelstifte in einer beschichteten Pfanne ohne Fettzugabe hellbraun rösten, auskühlen lassen. Anschließend den Rehrücken damit spicken. Die Schokoladenglasur auf einem heißen Wasserbad schmelzen lassen. Den Rehrücken damit überziehen. Ihn kaltstellen, so daß die Schokoladenglasur fest wird.

Dazu paßt Vanillesahne.

braucht Zeit

Schwarzwälder Kirschtorte

12 Stücke

Backpapier
5 Eier
170 g Zucker
1 Prise Salz

Den Backofen auf 200° C vorheizen. Den Boden einer Springform (26 cm Ø) mit Backpapier auslegen. Eier, Zucker und Salz zuerst auf einem heißen Wasserbad aufschlagen. Dann die Eiermasse vom Wasserbad nehmen und mindestens 5 Minuten kaltschlagen.

90 g Mehl
60 g Speisestärke
2 EL Kakaopulver
2 EL flüssige Butter

Mehl, Stärke und Kakao sieben. Das Ganze nach und nach unter die Eiermasse heben. Zum Schluß die flüssige Butter unterrühren. Den Biskuitteig in die Springform geben und glattstreichen. Im Backofen auf mittlerer Schiene 25 bis 30 Minuten backen.

350 g TK-Sauerkirschen
60 g Zucker
abgeriebene Schale von ½ unbehandelten Orange
30 g Speisestärke
1 EL Kirschwasser

Die Sauerkirschen in einem Sieb auftauen lassen und den Saft in einem Topf auffangen. 12 schöne Kirschen beiseite stellen. Den Sauerkirschsaft mit Zucker und Orangenschale aufkochen lassen. Die Stärke mit 3 Eßlöffeln kaltem Wasser und dem Kirschwasser anrühren. Das Ganze zum kochenden Kirschsaft geben, unter Rühren erneut aufkochen lassen. Die Kirschen aus dem Sieb in den angedickten Kirschsaft geben und dann den Topf vom Herd nehmen. Die angedickten Kirschen auskühlen lassen.

2 EL Kirschwasser

Den ausgekühlten Tortenboden zweimal horizontal durchschneiden. Die eingedickten Kirschen auf den untersten Boden geben und glattstreichen. Den zweiten Boden darauf legen. Diesen mit Kirschwasser tränken.

3 Blatt Gelatine
2 EL Kirschwasser
750 g Sahne
60 g Zucker
2 EL Kirschwasser

Die Gelatine für etwa 10 Minuten in kaltem Wasser einweichen und anschließend ausdrücken. Das Kirschwasser leicht erwärmen und die Gelatine darin auflösen. Die Sahne leicht anschlagen. Den Zucker nach und nach, das Kirschwasser eßlöffelweise dazugeben. Das Ganze dann steifschlagen. Die aufgelöste Gelatine vorsichtig unter die steifgeschlagene Sahne heben. 3 EL Sahne beiseite stellen.

2 EL Kirschwasser

Die Sahne 1 cm dick auf dem zweiten Tortenboden glattstreichen. Den dritten Tortenboden darauf legen. Diesen auch mit dem Kirschwasser tränken. Anschließend die Torte komplett mit der restlichen Sahne bestreichen.

100 g Zartbitterschokolade

Die beiseite gestellte Sahne in einen Spritzbeutel mit Lochtülle füllen. 12 Rosetten auf die Torte spritzen. Dann die beiseite gelegten Kirschen auf die Sahnerosetten setzen. Die Schokolade raspeln und die Torte damit bestreuen.

M·e·n·ü·s

geht schnell

Vorspeise für 4 Personen

Tatar von Räucherforelle und Lachs mit Avocado

200 g Räucherforellenfilet ***250 g Räucherlachs***	Die Forelle und anschließend den Lachs in kleine Würfel schneiden. Beides getrennt beiseite stellen.
2 EL Crème fraîche ***1 EL gehackter Dill*** ***Saft von ½ unbehandelten Zitrone*** ***1 EL Schalottenwürfel*** ***1 EL Olivenöl*** ***Salz, Pfeffer*** ***1 Msp. gemahlener Koriander***	Die Forellenwürfel mit der Crème fraîche verrühren. Die Lachswürfel mit Dill, Zitronensaft, Schalottenwürfeln, Olivenöl, Salz, Pfeffer und Koriander mischen.
etwas Öl ***2 EL Crème fraîche*** ***1 Avocado*** ***Saft von 1 unbehandelten Zitrone***	Kleine Ringe (4 cm Ø) mit etwas Öl ausstreichen. Zuerst das Forellentatar in den Ring geben und glattstreichen. Dann das Lachstatar darauf geben und ebenfalls glattstreichen. Mit der Crème fraîche bestreichen, so daß eine Haube entsteht. Danach die Ringe vorsichtig lösen. Die Avocado schälen, halbieren und den Kern entfernen. Die Hälften mit dem Zitronensaft beträufeln. Die eine Hälfte quer, die andere Hälfte längs in Scheiben schneiden.
2 EL Balsamessig ***Salz, Pfeffer*** ***Saft von ½ unbehandelten Zitrone*** ***5 EL Walnußöl*** ***1 EL Schalottenwürfel*** ***2 EL Tomatenwürfel***	Balsamessig, Salz, Pfeffer und Zitronensaft mischen und das Walnußöl einrühren. Schalotten- und Tomatenwürfel in die Vinaigrette geben.
1 EL Kaviar ***1 EL geröstete, gehackte Pinienkerne***	Je 1 Tatartürmchen auf die Mitte eines Tellers setzen und mit etwas Kaviar garnieren. Die Avocadoscheiben auf den Tellern anrichten. Die Vinaigrette darauf träufeln und das Ganze mit Pinienkernen bestreuen.

braucht Zeit

Hauptgericht für 4 Personen

Geschmorte Hasenkeule auf Rahmwirsing

4 küchenfertige Hasenkeulen
4 Scheiben Speck
Küchengarn
Salz
2 EL Öl

Die Hasenkeulen waschen und trockentupfen. Mit je 1 Scheibe Speck umwickeln und mit dem Küchengarn zubinden. Die Hasenkeulen salzen. Das Öl in einem Bräter erhitzen und die Keulen darin von beiden Seiten anbraten.

200 g Röstgemüse (Karotten, Frühlingszwiebeln, Zwiebeln, Sellerie)
100 g Apfelspalten (Boskop)
50 g Graubrotwürfel
1 Rosmarinzweig
10 schwarze Pfefferkörner
10 Gewürznelken
1 TL Senfkörner
10 Wacholderbeeren
Salz
250 ml Rotwein
1 l Wildfond

Das Röstgemüse zusammen mit den Apfelspalten zu den Keulen geben. Alles kräftig anrösten. Dann die Graubrotwürfel hinzufügen und kurz mitrösten. Rosmarin, Gewürze und Salz dazugeben.
Das Ganze mit Rotwein und Wildfond auffüllen und zugedeckt etwa 1 Stunde schmoren lassen.

700 g Wirsing
Salz

Inzwischen für das Wirsinggemüse den Wirsing putzen, den Strunk herausschneiden und die Blätter ablösen. Sie dann waschen und in Streifen schneiden. Im kochenden Salzwasser etwa 5 Minuten blanchieren und auf einem Sieb abtropfen lassen.

50 g durchwachsener Speck
3 EL Butter
80 g Zwiebelwürfel
1 TL Mehl
200 ml Rinderbrühe
150 g Sahne
Salz, schwarzer Pfeffer
gemahlene Muskatnuß
50 g geschlagene Sahne

Den Speck fein würfeln. Die Butter in einem Topf erhitzen. Die Zwiebel- und Speckwürfel darin anbraten. Das Mehl darüberstäuben und kurz mitrösten. Brühe und Sahne dazugießen und aufkochen lassen. Die Specksauce mit Salz, Pfeffer und Muskat würzen. Den Wirsing zugeben und bei schwacher Hitze etwa 10 Minuten garen. Zum Schluß die geschlagene Sahne unterheben.

2 EL geschlagene Sahne
100 ml Preiselbeersaft
1 EL Preiselbeeren (aus dem Glas)
Salz, schwarzer Pfeffer

Die Hasenkeulen aus dem Bräter nehmen. Das Küchengarn und den Speck entfernen und die Keulen warm stellen. Den Fond um die Hälfte einkochen lassen, dann durch ein feines Sieb passieren. Sahne, Preiselbeersaft und Preiselbeeren in die Sauce rühren und etwas einkochen lassen. Mit Salz und Pfeffer abschmecken.

4 EL Preiselbeeren (aus dem Glas)

Das Wirsinggemüse auf 4 Tellern verteilen. Die Hasenkeule auf das Gemüse setzen und mit der Sauce überziehen. Mit Preiselbeeren garnieren.
Dazu paßt Apfel-Semmel-Auflauf.

geht schnell

Apfel-Semmel-Auflauf

4 Personen

40 g Schalottenwürfel ***1 EL Butter*** ***150 g Brötchenwürfel (etwa 4 Brötchen)*** ***½ EL gehackter Thymian*** ***1 EL gehackter Petersilie*** ***gemahlene Muskatnuß***	Die Schalottenwürfel in einer beschichteten Pfanne in der Butter glasig dünsten. Die Brötchenwürfel dazugeben und mitrösten. Mit Thymian, Petersilie und Muskat würzen. Das Ganze etwas abkühlen lassen.
100 ml lauwarme Milch ***1 Ei*** ***100 g Apfelwürfel, Salz***	Die Milch mit dem Ei verquirlen. Die Apfelwürfel sowie die gerösteten Schalotten- und Brotwürfel dazugeben. Das Ganze mit Salz abschmecken. Alles etwa 15 Minuten quellen lassen. Den Backofen auf 200° C vorheizen.
1 EL Butter ***2 EL Semmelbrösel***	Die 4 feuerfesten Portionsförmchen (5 bis 7 cm Ø) mit der Butter ausfetten und mit den Semmelbröseln ausstreuen. Die Apfel-Semmel-Masse hineinfüllen und glattstreichen. Die Förmchen in ein Wasserbad stellen. Das Ganze im Ofen auf mittlerer Schiene etwa 12 Minuten garen. Danach herausnehmen und den Apfel-Semmel-Auflauf auf 4 Teller stürzen.

braucht Zeit

Dessert für 4 Personen

Strudelteigkörbchen mit Mandarinencreme und Mandarinensalat

250 g Mehl ***Salz*** ***2 EL Öl*** ***Klarsichtfolie***	Das Mehl mit 150 ml lauwarmen Wasser, Salz und Öl vermischen. Alles zu einem elastischen Teig verkneten. Dann zu einer Kugel formen, diese mit etwas Öl bestreichen und in Klarsichtfolie einwickeln. Die Teigkugel etwa 1 Stunde bei Zimmertemperatur ruhen lassen.
2 EL Mehl ***1 TL Butter***	Den Backofen auf 200° C vorheizen. Ein Geschirrtuch mit Mehl bestäuben. Den Teig darauf legen und mit einem bemehlten Nudelholz ausrollen. Dann den Teig mit bemehlten Händen ausziehen. Ihn dabei über die Handrücken ziehen, bis er hauchdünn ist. Mit einem Ring (10 bis 12 cm Ø) 4 Kreise ausstechen. 4 Förmchen (8 cm Ø) mit Butter ausfetten. Die Strudelteigplatten hineinlegen. Die Ränder der Teigkreise leicht über die Förmchenwand stehen lassen.
2 EL Waldhonig ***1 TL Lebkuchengewürz***	Den Honig in einem kleinen Topf erwärmen. Das Lebkuchengewürz darunterrühren. Die Honig-Lebkuchengewürz-Mischung auf die Strudelteigplatten streichen. Anschließend im Ofen auf mittlerer Schiene 6 bis 8 Minuten goldgelb backen. Die Strudelteigkörbchen leicht auskühlen lassen und dann aus den Förmchen nehmen.
250 ml Mandarinensaft ***120 g Zucker*** ***4 Blatt weiße Gelatine*** ***abgeriebene Schale von 2 unbehandelten Mandarinen***	Den Mandarinensaft mit dem Zucker in einem Topf aufkochen. Die Gelatine für etwa 10 Minuten in kaltem Wasser einweichen und anschließend ausdrücken. In dem noch warmen Mandarinensaft unter Rühren auflösen. Mit der Mandarinenschale abschmecken. Das Ganze kalt stellen, bis es anfängt zu gelieren.
250 g Sahne ***2 EL Orangenlikör*** ***8 Erdbeeren*** ***Pfefferminzblättchen***	Die Sahne steifschlagen. Mit dem Orangenlikör abschmecken. Die Sahne unter die Orangencreme unterheben. Das Ganze in die ausgekühlten Strudelteigkörbchen füllen. Die Erdbeeren waschen und die Stielansätze entfernen. Die Beeren in Scheiben schneiden und jeweils als Kranz um die Orangencreme setzen. Mit Pfefferminzblättern garnieren.
8 Mandarinen ***3 EL brauner Zucker*** ***200 ml Mandarinensaft*** ***2 EL Johannisbeergelee***	Die Mandarinen schälen, in die einzelnen Filets zerteilen und kurz in heißes Wasser tauchen. Die Haut von den Spalteninnenseiten an mit einem kleinen Messer abziehen. Den Zucker in einer beschichteten Pfanne schmelzen, mit dem Mandarinensaft ablöschen und leicht einkochen lassen. Mandarinenspalten und das Johannisbeergelee zugeben. Alles vorsichtig miteinander verrühren.
1 EL ungesalzene Pistazienkerne	Die Pistazienkerne hacken. Je 1 Strudelteigkörbchen auf einen Teller geben. Den Mandarinensalat dazugeben und alles mit den Pistazienkernen bestreuen.

geht schnell

Vorspeise für 4 Personen

Junger Spinat-Löwenzahn-Salat mit Griessnockerln

1 Bund Schnittlauch 2 EL Sherry 1 Msp. Dijonsenf Saft von ½ Zitrone Salz, schwarzer Pfeffer 6 EL Traubenkernöl	Den Schnittlauch waschen, trockentupfen und in kleine Röllchen schneiden. Schnittlauchröllchen, Sherry, Diyonsenf, Zitronensaft, Salz und Pfeffer in eine Schüssel geben und gut verrühren. Zum Schluß das Öl einrühren.
50 g Butter 250 ml Milch 100 g Hartweizengrieß Salz, Pfeffer gemahlene Muskatnuß 2 Eier	Die Butter mit der Milch aufkochen. Den Grieß zugeben und so lange rühren, bis sich die Masse vom Topfboden löst. Leicht abkühlen lassen, mit Salz, Pfeffer und Muskat würzen und die Eier nacheinander unterrühren.
Salz	Aus der Grießmasse mit zwei Eßlöffeln kleine Nockerln abstechen und in kochendem Salzwasser etwa 10 Minuten ziehen lassen, bis sie an der Oberfläche schwimmen. Herausnehmen und gut abtropfen lassen.
200 g junger Spinat 4 Radieschen 1 mittelgroße Karotte 60 g weißer Löwenzahn 8 Kirschtomaten	Den Spinat gut waschen, verlesen, entstielen und trockentupfen. Die Radieschen waschen, putzen und in dünne Scheiben hobeln. Die Karotte schälen, putzen, der Länge nach in dünne Scheiben und danach in feine Streifen schneiden. Den Löwenzahn verlesen, waschen und trockentupfen. Die Kirschtomaten über Kreuz einritzen, kurz überbrühen, abschrecken, enthäuten, vierteln, entkernen und von den Stengelansätzen befreien.
1 EL Butter 1 EL Öl	Butter und Öl zusammen in einer beschichteten Pfanne erhitzen und die Nockerln goldgelb darin braten. Spinat, Radieschenscheiben, Karottenstreifen, Löwenzahn und Kirschtomaten dekorativ auf 4 Tellern anrichten. Mit der Vinaigrette beträufeln. Grießnockerln darauf setzen.

braucht Zeit

Hauptgericht für 4 Personen

Kaninchenkeule im Strudelteigsäckchen

250 g Mehl
Salz
2 EL Öl
Klarsichtfolie

Das Mehl mit 125 ml lauwarmen Wasser, etwas Salz und dem Öl vermischen. Alles zu einem elastischen Teig verkneten. Dann zu einer Kugel formen, diese mit etwas Öl bestreichen und in Klarsichtfolie einwickeln. Den Teig 1 bis 2 Stunden bei Zimmertemperatur ruhen lassen.

400 g Kaninchenkeulen
Salz, schwarzer Pfeffer
1 EL Mehl

Inzwischen die Kaninchenkeulen waschen, trockentupfen und von Haut und Sehnen befreien. Die Knochen auslösen und das Fleisch in kleine Stücke schneiden. Mit Salz und Pfeffer würzen sowie mit Mehl bestäuben.

1 EL Butter
1 EL Schalottenwürfel
100 g braune Champignonwürfel
Salz, schwarzer Pfeffer
gemahlene Muskatnuß
1 EL Mehl
150 ml Geflügelfond
100 ml Weißwein
250 g Sahne
2 EL gehackte Petersilie
1 EL Schnittlauchröllchen

In einer Pfanne die Butter erhitzen und das Fleisch darin kräftig anbraten. Danach herausnehmen und in derselben Pfanne die Schalotten und die Champignons anbraten. Mit Salz, Pfeffer sowie Muskat würzen und mit Mehl bestäuben. Nochmals kurz anrösten. Hühnerfond, Weißwein und Sahne dazugießen und einkochen lassen. Dann das Kaninchenfleisch sowie die Petersilie und den Schnittlauch zugeben. Danach abkühlen lassen.

2 EL Mehl

Den Backofen auf 200° C vorheizen. Ein Geschirrtuch mit Mehl bestäuben. Den Teig darauf legen und mit einem bemehlten Nudelholz ausrollen. Ihn dann mit bemehlten Händen ausziehen und über die Handrücken ziehen, bis er hauchdünn ist. Den Teig nun in 8 gleich große Stücke teilen.

8 lange Schnittlauchhalme
Backpapier
1 EL flüssige Butter

Die Schnittlauchhalme kurz in kochendem Wasser blanchieren. Das Kaninchenragout portionsweise auf den Strudelteigstücken verteilen. Den Teig an den Rändern zusammennehmen, so daß ein Säckchen entsteht. Dieses mit 1 Schnittlauchhalm zubinden. Die Schnittlauchhalme auf etwa 1 cm Länge hinter dem Knoten kürzen. Die Strudelteigsäckchen auf ein mit Backpapier ausgelegtes Blech setzen. Mit der flüssigen Butter beträufeln und im Ofen auf mittlerer Schiene etwa 15 Minuten goldgelb backen.
Dazu paßt Frühlingsgemüse mit Kerbelsauce.

geht schnell
4 Personen

Frühlingsgemüse mit Kerbelsauce

1 Kohlrabi
3 Frühlingszwiebeln
1 Bund Fingerkarotten
Salz
1 EL Butter
schwarzer Pfeffer

Das Gemüse putzen. Den Kohlrabi schälen und in Stifte schneiden. Die gewaschenen Frühlingszwiebeln in mundgerechte Stücke schneiden. Die Karotten schälen. Den Kohlrabi und die Karotten nacheinander im Salzwasser kurz blanchieren und anschließend abschrecken. Die Frühlingszwiebeln in einer beschichteten Pfanne in der heißen Butter glasig dünsten. Die Karotten und die Kohlrabistifte darin schwenken. Mit Salz und Pfeffer abschmecken.

1 EL Schalottenwürfel
4 EL kalte Butter
200 g Sahne
100 ml Weißwein
100 ml Geflügelfond
3 EL Crème fraîche
Salz, schwarzer Pfeffer
2 EL frisch gehackter Kerbel

Die Schalottenwürfel in einem Topf mit 1 Eßlöffel Butter glasig dünsten. Sahne, Weißwein und Geflügelfond angießen und um die Hälfte einkochen lassen. Die restliche Butter nach und nach in die Sauce rühren. Sie dann mit dem Pürierstab aufschlagen. Die Crème fraîche unterrühren und alles mit Salz und Pfeffer würzen. Zum Schluß den Kerbel unterrühren.
Das Gemüse mit der Sauce auf 4 Tellern anrichten.

braucht Zeit

Dessert/8 Stück

Gefüllte Windbeutel mit Erdbeeren und Lavendelcreme

250 ml Milch
125 g Butter
Prise Salz
200 g Mehl
4 Eier

Die Milch mit der Butter und der Prise Salz aufkochen. Den Topf vom Herd nehmen und das Mehl auf einmal hineingeben. Die Masse glattrühren. Den Topf wieder auf den Herd setzen und den Teig unter Rühren so lange erhitzen, bis er sich als Kloß vom Topfboden löst. Den Topf erneut vom Herd nehmen. Die Grießmasse in eine Schüssel geben und die Eier nach und nach unter den Teig rühren. Den Backofen auf 180° C vorheizen.

Backpapier

Die Masse in einen Spritzbeutel mit Sterntülle geben. Ein Backblech mit Backpapier belegen. Nun 8 Häufchen von etwa 8 cm Ø darauf spritzen. Einen Teelöffel in Wasser tauchen und damit die Spitzen der Brandteighäufchen flachdrücken, so daß sie beim Backen nicht verbrennen können. Die Windbeutel im Ofen bei mittlerer Schiene etwa 20 Minuten backen. Nach dem Backen sofort in der Mitte quer durchschneiden, damit sie auskühlen können.

100 g Sahne
1 EL getrocknete Lavendelblüten (Apotheke)
3 Eigelb
1 TL Zitronensaft
1 TL Lavendelhonig, 4 EL Zucker
2 Blatt weiße Gelatine

Die Sahne mit den Lavendelblüten leicht einkochen lassen und anschließend durch ein Sieb passieren. Die Eigelbe mit Zitronensaft, Honig und Zucker auf dem warmen Wasserbad schaumig schlagen. Die Eimasse vom Wasserbad nehmen und die Lavendelsahne dazugeben. Die Gelatine für 10 Minuten in kaltem Wasser einweichen und anschließend ausdrücken. Zur Ei-Sahne-Masse geben und darin unter Rühren auflösen. Die Masse kalt stellen, bis sie anfängt zu gelieren.

200 g Sahne
300 g Erdbeeren

Die Sahne steifschlagen, dann unter die gelierende Masse heben. Die Erdbeeren waschen, die Stielansätze entfernen und die Beeren in Scheiben schneiden.

2 EL Puderzucker

Die untere Hälfte der Windbeutel mit der Creme füllen und diese etwas fest werden lassen. Die Erdbeerscheiben dann auf die Creme legen. Die Deckel auflegen und mit Puderzucker bestreuen.
Dazu passen Erdbeeren sowie eine Vanille- und eine Erdbeersauce.

Johann Lafer

Mein Tip

Erdbeeren sind das ganze Jahr über im Handel. Sie werden bei uns als Frühkulturen schon im März unter Glas angebaut. Die Saison der Freilandfrüchte beginnt erst Ende Mai. Erdbeeren werden schon seit dem 13. Jahrhundert kultiviert und es gibt etwa 1000 verschiedene Erdbeersorten. Hingegen sind echte Walderdbeeren heute eine Rarität. Sie sind viel kleiner, haben aber ein intensiveres Aroma.

braucht Zeit

Vorspeise für 4 Personen

Gedämpfte Seezungenfilets auf Gemüsecarpaccio

300 g Fischkarkassen (Gräten und Abschnitte) ***3 EL Olivenöl*** ***50 g Schalottenwürfel*** ***50 g Selleriewürfel*** ***1 Tomate*** ***50 g Champignonscheiben*** ***50 g Lauchringe*** ***300 ml Weißwein (trocken)*** ***10 Pfefferkörner*** ***3 Lorbeerblätter*** ***Salz***	Die Karkassen grob zerkleinern, in eine Schüssel unter fließendem Wasser stellen, bis das ablaufende Wasser glasklar bleibt. Dann in einem Sieb abtropfen lassen. Das Olivenöl in einem Topf erhitzen und die Karkassen darin unter Wenden 3 bis 4 Minuten andünsten. Das Gemüse ebenfalls im Topf andünsten. Mit dem Weißwein ablöschen und mit 200 ml Wasser aufgießen. Mit Pfeffer, Lorbeerblättern und Salz würzen, dann etwa 20 Minuten offen kochen lassen. Den Fond durch ein mit einem Passiertuch ausgelegtes Sieb geben und um zwei Drittel einkochen lassen.
8 Seezungenfilets (500 g) ***Salz*** ***1 EL körniger Senf*** ***200 g blanchierte Gemüsestreifen (Lauch, Karotte, Sellerie)*** ***Holzzahnstocher***	Die Seezungenfilets waschen, trockentupfen, in 3 cm breite Streifen schneiden, leicht salzen und mit dem Senf bestreichen. Die blanchierten Gemüsestreifen quer auf die Filets legen, diese aufrollen und mit Zahnstochern zusammenstecken. Die Röllchen in einen Dämpfeinsatz legen, diesen auf den Topf mit dem Fischfond setzen, und die Filets 4 bis 5 Minuten zugedeckt dämpfen.
1 rote Bete (300 g) ***Kümmel*** ***Salz*** ***200 g Petersilienwurzel***	Die rote Bete waschen. Salz und Kümmel ins Kochwasser geben, darin die rote Bete etwa 30 Minuten garen. Danach abschrecken und schälen. Die Petersilienwurzel schälen, putzen und in Salzwasser etwa 10 Minuten garen. Das Gemüse in dünne Scheiben schneiden oder hobeln. Kreisförmig auf 4 Tellern anrichten.
50 g Rosenkohlblätter ***Salz*** ***schwarzer Pfeffer***	Die Rosenkohlblätter waschen und in kochendem Salzwasser blanchieren. Dann abschrecken und in einem Sieb abtropfen lassen. Auf der Gemüserosette verteilen. Mit etwas Salz und Pfeffer würzen. Die Seezungenröllchen auf dem Gemüsecarpaccio anrichten.
abgeriebene Schale von ½ Limone ***Salz, schwarzer Pfeffer*** ***50 g eiskalte Butterwürfel***	Den eingekochten Fischfond mit Limonenschale, Salz und Pfeffer abschmecken. Mit den Butterstückchen aufmixen und über den Fisch und das Gemüsecarpaccio geben.
Filets von 1 Limone ***Kerbelblättchen***	Das Carpaccio mit den Limonenfilets und dem Kerbel garnieren.

Babypute mit Hefeteigfüllung und karamelisiertem Gemüse

braucht Zeit

Hauptgericht für 6 Personen

1 küchenfertige Babypute (2,3 bis 3,0 kg)

Die Babypute innen und außen waschen und sorgfältig trockentupfen.

120 ml Milch
30 g Hefe
1 EL Zucker
3 EL Mehl

Für den Hefeteig die Milch erwärmen und in eine Schüssel gießen. Die Hefe hineinbröckeln, den Zucker und das Mehl hinzufügen. Das Ganze zu einem Vorteig verrühren. Mit einem Geschirrtuch zugedeckt an einem warmen Ort etwa 15 Minuten gehen lassen.

50 g Orangeat
100 g Schalottenwürfel
2 EL Butter
250 g Mehl
1 Ei
Salz
abgeriebene Schale von 1 unbehandelten Orange
1 EL Zitronenthymianblättchen

Inzwischen das Orangeat fein würfeln. Die Schalottenwürfel in einer beschichteten Pfanne in der heißen Butter glasig dünsten. Den Vorteig in eine Küchenmaschine geben. Mehl, Ei, die gedünsteten Schalottenwürfel, Orangeat, Salz, Orangenschale und Zitronenthymian hinzufügen und alles gut verkneten. Den Teig erneut mit einem Geschirrhandtuch abdecken. So lange gehen lassen, bis er sein Volumen verdoppelt hat.

Salz
schwarzer Pfeffer
Holzzahnstocher
Küchengarn

Die Pute innen und außen salzen und pfeffern, den Hefeteig hineinfüllen und die Öffnung mit Holzzahnstochern und Küchengarn verschließen. Das Ganze etwa 20 Minuten ruhen lassen, damit der Hefeteig erneut gehen kann. Den Backofen auf 150° C vorheizen.

4 EL brauner Zucker
200 ml Orangensaft
400 ml Geflügelbrühe
60 ml Whisky

Für die Glasur Zucker, Orangensaft, Brühe und Whisky miteinander verrühren. Die Pute in die Saftpfanne setzen und in den Ofen auf die untere Schiene schieben. Sie mit etwas Glasur übergießen und dann etwa 2 Stunden braten. Die Pute während des Bratvorgangs immer wieder mit der Glasur begießen.

Salz
schwarzer Pfeffer

Die gegarte Pute aus der Pfanne nehmen. Die Spieße und die Schnüre entfernen. Die Pute mit einer Geflügelschere auslösen, Brust und Keulen warm stellen. Den Hefeteig aus dem Puteninneren herauslösen und in Scheiben schneiden. Den Fond passieren, eventuell entfetten. Abschließend mit Salz und Pfeffer abschmecken.

300 g kleine Schalotten
300 g Karotten
Salz

Für die Beilage die Schalotten und die Karotten schälen. Die Schalotten vierteln. Die Karotten in 1 cm dicke Scheiben schneiden. Diese in Salzwasser blanchieren. Das Wasser abgießen und die Karotten abschrecken.

1 EL Zucker
150 ml Geflügelbrühe
Salz, Pfeffer
1 EL gehackte Petersilie

Den Zucker in einer beschichteten Pfanne schmelzen. Die Schalottenviertel dazugeben und karamelisieren. Mit der Brühe ablöschen. Die Karotten dazugeben und etwa 10 Minuten mitdünsten. Das Schalotten-Karotten-Gemüse salzen und pfeffern und mit der Petersilie bestreuen.

Weisse Mokkacreme mit gefüllten Datteln

braucht Zeit
Dessert für 4 Personen

250 ml Milch ***75 g echte Mokkabohnen***	Die Milch aufkochen und die Mokkabohnen darin 3 bis 4 Stunden ziehen lassen. Dann die Mokkamilch durch ein Sieb gießen.
4 Eigelb ***75 g Zucker***	Die Eigelbe mit dem Zucker auf einem warmen Wasserbad aufschlagen. Die Mokkamilch dazugeben und das Ganze weiter schlagen, bis eine cremige Masse entsteht.
6 Blatt weiße Gelatine ***4 EL Vanillelikör***	Die Gelatine für etwa 10 Minuten in kaltem Wasser einweichen und anschließend ausdrücken. Dann die Gelatine in der noch warmen Mokkamasse unter Rühren auflösen. Den Vanillelikör dazugeben. Das Ganze kalt stellen, bis es anfängt zu gelieren.
250 g Schlagsahne	Die Sahne steifschlagen und unter die gelierende Masse heben. Die Creme in Förmchen (6 bis 8 cm Länge) füllen und für 2 Stunden kalt stellen.
2 Vanilleschoten ***150 ml Milch*** ***150 g Sahne***	Inzwischen für die Vanillesauce das Mark aus den Vanilleschoten kratzen. Die Milch mit Sahne, Vanillemark und Vanilleschoten aufkochen. Die Schoten herausnehmen.
100 g Zucker ***4 Eigelb*** ***1 Ei***	Den Zucker mit den Eigelben und dem Ei über einem warmen Wasserbad cremig aufschlagen. Die lauwarme Milch vorsichtig darunter schlagen, bis eine cremige Sauce entsteht. Dann vom Wasserbad nehmen.
1 EL Instant-Espressopulver	Die Vanillesauce in 2 gleich große Portionen teilen. Das Espressopulver in eine der noch warmen Vanillesaucen einrühren und darin auflösen. Beide Saucen zugedeckt kalt stellen.
12 frische Datteln ***30 g gemahlene geschälte Mandeln*** ***120 g Marzipanrohmasse*** ***3 EL Puderzucker*** ***2 EL Amaretto***	Zum Stürzen mit einem Messer jeweils am Rand der Creme entlangfahren, die Förmchen kurz in heißes Wasser tauchen und die Cremes auf je 1 Teller setzen. Von den Datteln mit einem kleinen Messer die Haut abziehen. Die Früchte halbieren und entkernen. Die Mandeln in einer beschichteten Pfanne ohne Fett rösten, dann wieder abkühlen lassen. Das Marzipan mit Puderzucker, Amaretto und Mandeln verkneten und 12 kleine Würstchen daraus formen. Je 1 Marzipanwürstchen zwischen 2 Dattelhälften drücken und mit einem Messer ein Muster in die Marzipanmasse einschnitzen. Je 3 gefüllte Datteln um die Mokkacreme legen. Die Teller mit Vanille- und Moccasauce garnieren.

braucht Zeit

Vorspeise für 4 Personen

Geräucherte Saiblingrouladen auf Radieschen-Kartoffel-Salat

400 g Kartoffeln
2 EL Butterschmalz
1 TL Honig

Die Kartoffeln schälen, waschen und in sehr dünne Scheiben schneiden. Das Butterschmalz in einer großen beschichteten Pfanne erhitzen und die Kartoffelscheiben darin von beiden Seiten braten, bis sie goldbraun sind.
Zum Schluß die Kartoffeln mit dem Honig karamelisieren.

150 g Radieschen
1 EL mittelscharfer Senf
4 EL Olivenöl
4 EL Kräuteressig
1 EL gehackte Petersilie
Salz, weißer Pfeffer

Die Radieschen putzen, waschen und in dünne Scheiben schneiden. Den Senf zusammen mit dem Olivenöl verrühren, dann erst den Essig und die Petersilie unterrühren. Mit Salz und Pfeffer abschmecken. Die gebratenen Kartoffelscheiben in eine Schüssel geben. Das Radieschendressing unterheben und den Salat zugedeckt beiseite stellen. Er soll lauwarm serviert werden.

8 Saiblingfilets (à ca. 70 g)
Hickory-Rauchsalz
200 g blanchierte Gemüsestreifen (Sellerie, Lauch, Karotten)
8 Holzzahnstocher

Die Saiblingfilets mit der Hautseite auf eine Arbeitsfläche legen. Mit dem Rauchsalz würzen. Jeweils einige Gemüsestreifen auf die Filets legen. Diese dann aufrollen und mit einem Zahnstocher zusammenstecken.

grobe und feine Buchenholzspäne (Anglerbedarf)
10 zerdrückte Wacholderbeeren
Alufolie

Mit den Buchenholzspänen den Boden eines Bräters bedecken. (Sie können die Saiblingsrouladen auch in einem speziellen Räucherbräter, im Anglergeschäft erhältlich, oder im Räucherofen garen.) Die Wacholderbeeren dazugeben. Einen Siebeinsatz mit Alufolie auskleiden und in den Bräter setzen. Den Deckel verschließen und auf dem Herd bei höchster Stufe etwa 5 Minuten aufheizen, bis typischer Räucherduft aufsteigt.
Nun die Saiblingrouladen auf den Siebeinsatz setzen und 10 bis 15 Minuten bei milder Hitze räuchern.

200 g Crème fraîche
Saft und abgeriebene Schale von 1 unbehandelten Zitrone
1 EL gehackter Dill
Salz, weißer Pfeffer

Die Créme fraîche mit Zitronensaft und -schale sowie mit dem Dill verrühren. Mit Salz und Pfeffer kräftig abschmecken.

100 g Salat (Kopfsalatherzen, Feldsalat, Löwenzahnsalat)

Die Saiblingrouladen aus dem Rauch nehmen. Den Radieschen-Kartoffel-Salat mit je 2 Saiblingsrouladen auf 4 Tellern anrichten. Das Ganze mit der Créme fraîche beträufeln und mit den Salatblättern garnieren.

Gefüllte Lammkeule mit Penne und Rauke-Pesto

braucht Zeit

Hauptgericht für 4 Personen

1 Bund Rauke (Rucola)
100 ml Olivenöl, Salz, Pfeffer
20 g geröstete Pinienkerne
30 g geriebener Parmesan

Die Rauke waschen und trockentupfen Die Stiele entfernen und die Blätter kleinschneiden. Diese zusammen mit dem Olivenöl, Salz, Pfeffer und den Pinienkernen in einem Mixer pürieren. Zum Schluß den Parmesan unterrühren. Das Rauke-Pesto beiseite stellen.

1,5 kg ausgelöste Lammkeule
grobes Salz, schwarzer Pfeffer
150 g Weißbrot
30 g Schalottenwürfel, 2 EL Butter

Das Lammfleisch waschen, trockentupfen und die Innenseiten mit Salz und Pfeffer einreiben. Das Weißbrot entrinden, in Würfel schneiden und zusammen mit den Schalottenwürfeln in der Butter rösten.

50 g entsteinte schwarze Oliven
80 g Gorgonzola
125 g Sahne, 1 Ei
2 EL frische Thymianblättchen
Küchengarn, Pfeffer, Salz

Die Oliven vierteln, den Gorgonzola in kleine Stücke schneiden und beides zu den Brotwürfeln geben. Die Sahne erhitzen, sie dann zusammen mit dem Ei, Thymian, Pfeffer und Salz dazugeben. Alles miteinander verkneten. In die Lammkeule seitlich eine Tasche schneiden und die Käse-Brot-Masse hineinfüllen. Aufrollen und mit Küchengarn zubinden. Die Lammkeule mit Salz und Pfeffer einreiben.

4 EL Olivenöl
300 g zerhackte Lammknochen
400 g Röstgemüse (Schalotten, Sellerie, Lauch, Karotten)
abgeriebene Schale von 1 unbehandelten Zitrone
3 frische Thymianzweige
2 frische Rosmarinzweige
3 frische Salbeiblätter
300 ml Rotwein
400 ml Lammbrühe

Den Backofen auf 150° C vorheizen. Das Olivenöl in einem Bräter erhitzen und die Lammkeule zusammen mit den Lammknochen anbraten. Sobald die Lammkeule Farbe angenommen hat, das Fleisch herausnehmen und beiseite legen. Die Knochen weiterhin im Bräter rösten. Das Röstgemüse sowie Zitronenschale und Kräuter dazugeben und anbraten.
Das ganze mit Rotwein und Brühe auffüllen. Die Lammkeule in den Bräter legen und auf unterer Schiene etwa 1½ Stunden schmoren lassen. Zwischendurch immer wieder mit Bratenfond übergießen, eventuell noch etwas Brühe angießen. Die gegarte Lammkeule aus dem Fond nehmen und warm stellen.

Salz
schwarzer Pfeffer
4 EL eiskalte Butterwürfel

Den Bratenfond durch ein feinmaschiges Sieb in den Topf passieren und einkochen lassen. Die Sauce mit Salz und Pfeffer abschmecken und zum Schluß die Butter zum Binden nach und nach einrühren.

2 Bund junge Karotten
50 g Schalottenwürfel
2 EL Butter, ½ TL Zucker
Salz, schwarzer Pfeffer
½ EL gehackte Petersilie

Die Karotten putzen, waschen, in 2 cm lange Stücke schneiden und in Salzwasser kurz blanchieren. Das Kochwasser abgießen und die Karotten abschrecken. Die Schalotten würfeln und in der Butter glasig dünsten. Nun die Karottenstücke dazugeben, mit Zucker bestreuen und leicht karamelisieren. Alles mit Salz, Pfeffer und Petersilie würzen.

200 g gekochte Nudeln (Penne)
1 TL Olivenöl
Salz, schwarzer Pfeffer
Rosmarin zum Garnieren

Die Nudeln in einer beschichteten Pfanne im Olivenöl erwärmen. Das Rauke-Pesto löffelweise dazugeben und die Nudeln darin schwenken. Mit Salz und Pfeffer würzen.
Die Lammkeule in Scheiben schneiden. Diese portionsweise auf 4 Tellern anrichten und mit der Sauce überziehen. Mit Rosmarin garnieren und zusammen mit den Pesto-Nudeln sowie den Karotten servieren.

braucht Zeit

Joghurttorte auf Rhabarberkompott

Dessert/12 Stücke

Backpapier ***3 Eier*** ***90 g Zucker*** ***50 g Speisestärke*** ***40 g Mehl*** ***abgeriebene Schale von ½ unbehandelten Zitrone*** ***50 g flüssige Butter***	Den Boden einer Springform (28 cm Ø) mit Backpapier auslegen. Den Backofen auf 180° C vorheizen. Die Eier mit dem Zucker zuerst auf einem warmen Wasserbad aufschlagen. Dann die Eiercreme vom Wasserbad nehmen und mindestens 5 Minuten kaltschlagen. Stärke und Mehl sieben. Beides mit der Zitronenschale nach und nach unter die Eimasse heben. Zum Schluß die flüssige Butter unterrühren. Den Biskuitteig in die Springform füllen und glattstreichen. Im Backofen auf mittlerer Schiene 12 bis 15 Minuten backen. Den Springformrand lösen, den Biskuit stürzen, den Springformboden abnehmen und das Backpapier vorsichtig abziehen. Den Boden auskühlen lassen und dann wieder umdrehen.
300 g Rhabarber ***250 ml Weißwein*** ***100 g Zucker*** ***½ Zimtstange***	Inzwischen den Rhabarber waschen, schälen und in kleine Stücke schneiden, mit Weißwein, Zucker und Zimt weichdünsten. Den Rhabarber in ein feines Sieb gießen und den abtropfenden Saft in einem Gefäß auffangen.
4 Blatt weiße Gelatine	Die Gelatine für etwa 10 Minuten in kaltem Wasser einweichen und anschließend ausdrücken. Die Gelatine in dem noch warmen Rhabarbersaft unter Rühren auflösen. Das Ganze kalt stellen, bis es anfängt zu gelieren.
200 g Joghurt ***100 g Schmand (saure Sahne extra)*** ***75 g gesiebter Puderzucker*** ***abgeriebene Schale von 1 Limone*** ***5 Blatt weiße Gelatine***	Den Joghurt mit Schmand, Puderzucker und Limonenschale verrühren. Die Gelatine für etwa 10 Minuten in kaltem Wasser einweichen und anschließend ausdrücken. Sie dann mit 3 Eßlöffeln Wasser in einem Topf erwärmen und so auflösen. Etwas von der Joghurtmasse zur Gelatine geben und damit verrühren. Dann erst die Gelatine unter die gesamte Joghurtmasse rühren. (Ansonsten zieht die Gelatine Fäden in der kalten Masse.) Die Joghurtmasse kalt stellen, bis sie anfängt zu gelieren.
250 g Sahne	Die Sahne steifschlagen. Sie dann unter die gelierende Joghurtmasse heben. Den Biskuitboden mit einem Tortenring umfassen. Die Joghurtcreme darauf geben, glattstreichen und fest werden lassen. Dann erst das Rhabarbergelee vorsichtig darauf gießen und glattstreichen.
6 Blättchen Zitronenmelisse, geschnitten ***100 g geschlagene Sahne*** ***100 g geröstete Mandelblättchen***	Die Zitronenmelisse in feine Streifen schneiden und auf das noch nicht ganz fest gewordene Rhabarbergelee geben. Die Torte kalt stellen und gelieren lassen. Dann den Ring von der Torte entfernen. Den Rand der Torte dünn mit der Schlagsahne bestreichen und mit den Mandelblättchen verzieren.
600 g Rhabarber ***50 g Honig*** ***1 Zimtstange*** ***Mark von 1 Vanilleschote*** ***abgeriebene Schale von 1 Limone*** ***100 ml trockener Weißwein*** ***200 g Erdbeeren***	Den Rhabarber waschen, schälen und in 4 cm lange Stücke schneiden. Den Honig in einem Topf auflösen, Zimtstange, Vanillemark und Limonenschale dazugeben und mit Weißwein ablöschen. Die Rhabarberstücke darin bißfest garen. Anschließend abkühlen lassen. Die Erdbeeren waschen, die Stielansätze entfernen und die Beeren in Viertel schneiden. Diese zum Rhabarberkompott geben und vorsichtig unterrühren. Den Erdbeer-Rhabarber-Kompott zur Joghurttorte servieren.

braucht Zeit

Vorspeise für 4 Personen

Gebackene Scampi in Safranteig mit winterlichen Salaten

150 g Mehl
½ TL Backpulver
30 g Speisestärke
1 Ei
1 Msp. gemahlene Safranfäden
Salz, 2 EL Sesamöl

Das Mehl mit dem Backpulver und der Stärke mischen und sieben, Mit dem Ei, 150 ml eiskaltem Wasser, Safran und Salz gut verrühren. Den Teig etwa 30 Minuten ruhen lassen. Erst dann das Sesamöl hineinrühren und den Teig nochmals etwa 10 Minuten ruhen lassen.

8 Scampi (ungeschält)
Salz, Pfeffer
2 EL Mehl
300 g Butterschmalz
Küchenpapier

Die Scampi schälen, dabei die Schwanzflossen nicht entfernen. Die Scampi jeweils am Rücken einschneiden, die Därme herauswaschen und die Scampi gut trockentupfen. Mit Salz und Pfeffer würzen und in dem Mehl wenden. Dann durch den Safranteig ziehen und im heißen Butterschmalz knusprig ausbacken. Auf Küchenpapier abtropfen lassen.

je 50 g Schalotten-, Kürbis- und Möhrenwürfel
5 EL Sesamöl
50 ml Gemüsebrühe
1 TL gehackte Korianderblättchen
1 EL Honig
Salz, schwarzer Pfeffer
5 EL Essig (vorzugsweise Safranessig)
3 EL Distelöl

Die Gemüsewürfel in 2 Eßlöffeln Sesamöl anschwitzen, mit der Gemüsebrühe auffüllen, leicht einkochen und auskühlen lassen. Mit Honig, Salz und Pfeffer abschmecken. Essig, 3 Eßlöffel Sesamöl und Öl dazugeben.

4 Kirschtomaten
100 g Salatblätter (Eichblattsalat, Chicorée, Lollo rosso)

Die Tomaten über Kreuz einritzen, kurz überbrühen, abschrecken, enthäuten, vierteln, entkernen und von den Stengelansätzen befreien. Die Salatblätter waschen, trockentupfen und in mundgerechte Stücke zupfen.

1 Zweig Koriandergrün

Salatblätter und Tomatenviertel auf 4 Tellern verteilen. Die Vinaigrette darübergeben und den Salat mit Koriandergrün garnieren. Je 2 ausgebackene Scampi neben den Salat legen.

Mein Tip

Um ein einziges Kilo Safran zu gewinnen, müssen die orangeroten Narben von etwa 100 000 Blüten der Safranpflanze, einer im Mittelmeerraum wachsenden Krokusart, von Hand gesammelt werden. So ist es nicht verwunderlich, daß Safran das teuerste Gewürz der Welt ist und grammweise in kleinen Döschen verkauft wird.

Hirschschnitzel in Mandelkruste mit Preiselbeersauce

braucht Zeit

Hauptgericht für 4 Personen

8 Hirschschnitzel (à 50 bis 60 g) ***2 Eier*** ***2 EL geschlagene Sahne*** ***200 g Mandelblättchen*** ***50 g gemahlene, geschälte Mandeln*** ***2 EL Rosmarinnadeln*** ***Salz, schwarzer Pfeffer*** ***50 g Mehl*** ***5 EL Butterschmalz*** ***Küchenpapier***	Die Hirschschnitzel waschen und trockentupfen. Das Ei mit der geschlagenen Sahne verquirlen. Die Mandelblättchen mit den gemahlenen Mandeln und den Rosmarinnadeln vermischen. Die Schnitzel salzen und pfeffern. Zuerst in Mehl, dann im verquirlten Ei wenden. Zum Schluß in den Mandeln wälzen. Das Butterschmalz in einer beschichteten Pfanne erhitzen und die Schnitzel darin goldbraun braten. Herausnehmen und auf Küchenpapier abtropfen lassen. Dann warm stellen.
100 g rote Zwiebeln ***1 EL Butter*** ***50 ml Portwein*** ***400 ml Wildfond*** ***1 Rosmarinzweig*** ***3 Wacholderbeeren*** ***1 Msp. Dijonsenf***	Die Zwiebeln schälen und würfeln. In einer beschichteten Pfanne in der heißen Butter glasig dünsten. Mit dem Portwein ablöschen und einkochen. Den Wildfond dazugießen. Den Rosmarinzweig, die zerdrückten Wacholderbeeren und den Senf dazugeben und den Fond auf die Hälfte einkochen lassen.
1 EL Speisestärke ***2 EL Preiselbeeren (aus dem Glas)*** ***1 EL Preiselbeerkonfitüre*** ***Salz, schwarzer Pfeffer***	Die Stärke mit etwas kaltem Wasser verrühren und die Sauce damit binden. Anschließend durch ein Sieb passieren. Die Preiselbeeren und die Preiselbeerkonfitüre in die Sauce rühren. Mit Salz und Pfeffer abschmecken.
500 g Rosenkohl ***2 EL Butter*** ***50 g Schalottenwürfel*** ***1 EL Tomatenwürfel*** ***1 TL gehackte Petersilie*** ***Salz, schwarzer Pfeffer*** ***gemahlene Muskatnuß***	Vom Rosenkohl die äußeren, schönen Blätter vorsichtig ablösen, waschen und trockentupfen. Die Butter in einer Pfanne erhitzen und die Schalotten darin glasig dünsten. Rosenkohlblätter, Tomatenwürfel und Petersilie dazugeben und in der Butter schwenken. Das Ganze abschließend mit Salz, Pfeffer und Muskat würzen. Die Hirschschnitzel mit der Preiselbeersauce und den Rosenkohlblättern servieren. Dazu passen Herzoginkartoffeln.

braucht Zeit
Dessert/10 Stück

Geeister Weihnachtsstollen mit Schoko-Ingwer-Sauce und lauwarmem Backobstkompott

75 g entsteinte Backpflaumen
50 g getrocknete Aprikosen
50 g getrocknete Äpfel
250 ml Portwein
75 g Akazienhonig, ½ Zimtstange
1 Gewürznelke, 1 Sternanis
Saft und abgeriebene Schale von ½ unbehandelten Zitrone
Saft und abgeriebene Schale von ½ unbehandelten Orange
2 EL Zwetschgenwasser

Das Backobst lauwarm abwaschen und trockentupfen. Den Portwein mit 125 ml Wasser, Honig, Zimt, Nelke, Sternanis, Zitronen- und Orangenschale sowie Zitronen- und Orangensaft aufkochen. Danach die Gewürze wieder herausnehmen.
Den Sud mit dem Zwetschgenwasser aromatisieren. Das Trockenobst in die noch heiße Flüssigkeit geben und alles 1 Tag an einem dunklen Ort stehen lassen.

350 ml Milch
1 Zimtstange
150 g Zucker

Die Milch mit der Zimtstange aufkochen und ungefähr 10 Minuten ziehen lassen. Dann die Zimtstange herausnehmen. Den Zucker in einem weiteren Topf karamelisieren. Die Milch auf den Karamel geben. Das Ganze so lange bei kleiner Hitze unter Rühren köcheln lassen, bis der Zucker sich vollständig aufgelöst hat. Anschließend auskühlen lassen.

6 Eigelbe
50 g Rosinen
50 g Korinthen
1 EL Puderzucker
25 g Zitronat
25 g Orangeat
1 TL Lebkuchengewürz
500 g Sahne

Die Karamelmilch mit den Eigelben über einem warmen Wasserbad so lange aufschlagen, bis eine schaumige Masse entsteht. Die Schaummasse unmittelbar danach auf Eis kaltschlagen.
Rosinen und Korinthen leicht in Puderzucker wenden. Zitronat und Orangeat fein würfeln und alles mit dem Lebkuchengewürz in die kalte Masse geben. Die Sahne steifschlagen und ebenfalls unterheben.

Klarsichtfolie

Eine Stollenform (25 cm lang) überlappend mit Klarsichtfolie auslegen und die Masse hineingeben. Für mindestens 6 Stunden ins Gefrierfach stellen.

100 g Sahne
150 ml Milch
100 g Zartbitterkuvertüre
10 g feingehackter Ingwer

Alle Zutaten in einem Topf erwärmen, gut verrühren und durch ein Sieb in eine Schüssel passieren.

250 g Sahne
2 EL Puderzucker
20 g weiße Schokoladenraspel
20 g Vollmilchschokoladenraspel

Den gefrorenen Stollen auf eine Platte stürzen. Die Sahne mit dem Puderzucker steifschlagen. In einen Spritzbeutel mit Sterntülle geben und Rosetten auf den Stollen spritzen. Das Ganze mit weißen und Vollmilchschokoladenraspeln bestreuen. Das Backobstkompott leicht erwärmen. Zusammen mit der Schoko-Ingwer-Sauce servieren.

Rezeptverzeichnis

Bezugquellen für das im Buch abgebildete Besteck

Das Besteck stammt von der Firma WMF:
S. 23: Modell „Odéon", S. 25: Modell „Koblenz", S. 27: Modell „Quattro", S. 29: Modell „Stockholm", S. 31: Modell „Stockholm", S. 35: Modell „Taika", S. 37: Modell „Odéon", S. 39: Modell „Sevruga", S. 51: Modell „Virginia", S. 53: Modell „Taika", S. 57: Modell „Yoyo", S. 61: Modell „Mignon", S. 65: Modell „Yulio", S. 67: Modell „Stockholm", S. 69: Modell „Boston", S. 75: Modell „Quattro", S. 77: Modell „Balance", S. 81: Modell „Premiere", S. 85: „Sevruga", S. 87: Modell „Taika", S. 89: Modell „Stockholm", S. 91: Modell „Capriccio", S. 101: Modell „Taika", S. 107: Modell „Capriccio", S. 115: Modell „Innsbruck", S. 126/127: Modell „Quattro", S. 131: Modell „Innsbruck", S. 135: Modell „Quattro", S. 137: Modell „Boston", S. 139: Modell „Taika", S. 149: Modell „Balance", S. 151: Modell „Boston", S. 153: Modell „Virginia", S. 155: Modell „Odéon".

Wenn Sie Fragen zu speziellen Formen und Küchengeräten haben, die in den Rezepten verwendet werden, dann wenden Sie sich bitte an die folgende Adresse:
Johann Lafer's Table d'Or GmbH, Hauptstraße 3, 55452 Guldental

Der Verlag dankt der Firma WMF Aktiengesellschaft in Geislingen/Steige für die freundliche Unterstützung.

Vom selben Autor sind im FALKEN Verlag bereits erschienen:
Johann Lafer kocht (4848)
Johann Lafer kocht mit Kräutern und Gewürzen (7302)
Meisterhaft gewürzt im Handumdrehen (1970)
Johann Lafer à la carte (Kalender für 1998) (2421)

Dieses Buch wurde auf chlorfrei gebleichtem und säurefreiem Papier gedruckt.

ISBN 3 8068 7306 2

© 1997 by FALKEN Verlag, 65527 Niedernhausen/Ts.
Die Verwertung der Texte und Bilder, auch auszugsweise, ist ohne Zustimmung des Verlags urheberrechtswidrig und strafbar. Dies gilt auch für Vervielfältigungen, Übersetzungen, Mikroverfilmung und für die Verarbeitung mit elektronischen Systemen.

Umschlaggestaltung: Peter Udo Pinzer
Gestaltung: Horst Bachmann
Redaktion: Marlein Meyer
Foodstyling und fachliche Beratung: Holger Jacobs, Meckenheim
Herstellung: Sabine Vogt und Ulrich Klein
Umschlagfotos: vorne: **TLC-Foto-Studio GmbH**, Velen-Ramsdorf („Lammrücken im Chinakohlmantel mit Zitronen-Thymian-Sauce", S. 66) und **Johann Lafer**, Stromberg (Porträt); hinten: **TLC-Foto-Studio GmbH**, Velen-Ramsdorf („Gefüllte Windbeutel mit Erdbeeren und Lavendelcreme", S. 139)
Rezeptfotos: TLC-Foto-Studio GmbH, Velen-Ramsdorf
Weitere Fotos im Innenteil: Johann Lafer, Stromburg: S. 6, 13, 14, 15 und alle Fotos mit Johann Lafer bei den Tips im Rezeptteil; **TLC-Foto-Studio GmbH**, Velen-Ramsdorf: S. 4, 5, 16/17, 48/49, 94/95 und 126/127; **WMF Aktiengesellschaft**, Geislingen/Steige: S. 8, 9, 10 o., 10 u., 11 und 12; **FALKEN Archiv: M. Brauner:** S. 36, 86, 96, 122 und 154 / **W. Feiler:** S. 2/3, 52, 64, 70, 78, 104, 128 und 159 u./ **U. Kopp:** S. 54 und 114 / **R. Schmitz:** S. 120 und 124 / **Tessmann und Endress:** S.146 / **TLC:** S. 24, 38, 42, 56, 66, 74, 76, 80, 100, 106, 108, 134, 136, 156, 158 u., 158 o. und 159 o.

Satz: FALKEN Verlag, Niedernhausen/Ts.
Druck: Ernst Uhl, Radolfzell

817 2635 4453 6271